手軽にできるから

毎日食べたい
家(うち)パスタ

365

Ryogo

Gakken

手軽にできるから

毎日食べたい

365品

の家パスタレシピ

家にあるのもので気軽に作れる

家にあるものでササッと作れるレシピを紹介。日常的に使いやすい材料をピックアップし食材ごとに掲載しているので、その日冷蔵庫に余っているものですぐに作れるパスタが見つかります。

パスター皿で食事が完成

肉のパスタ、魚介のパスタ、卵・納豆のパスタなど、ボリュームのあるレシピもたくさん集めました。これさえ作れば一食分のメニューが完成！
「今日のごはんは何にしよう……」という悩みを解決できます。

基本をおさえればアレンジは自由自在

基本の作り方をおさえれば、食材とソースの組み合わせでバリエーションは無限に広がります。ベーコンをソーセージに変えたり、オイルソースを和風にアレンジしたりと、自由にパスタ作りを楽しみましょう！

家にある食材で
その日の気分で
お好きなパスタを気軽に！簡単に！

CONTENTS

Part 04 魚介のパスタ

Part 05 卵・納豆のパスタ

Part 06 野菜・きのこのパスタ

Part 07 冷製パスタ

基本の手順

具材を切る、パスタを茹でる、ソースを作る、
パスタとソースを合わせるの4ステップが基本の流れ。
段取りをおさえればササッと作れるようになります。

※レシピによっては先にソースを作り始め、
途中でパスタを茹でる場合もあります。

Step ❶ 具材を切る

最初に材料の下ごしらえをします。具材を切ってすぐに使える状態にしておくことで、調理がスムーズになります。

Step ❷ パスタを茹で始める

野菜はパスタと一緒に茹でてもOK

パスタは沸騰した湯で塩茹でします。茹で時間は袋の表記通りが基本です。ナポリタンや冷製パスタ用の麺は、表記より1分長く茹でます。

混ぜ合わせるソースはこのタイミングで混ぜる

カルボナーラやパスタに絡ませるだけの「混ぜるだけ」パスタなどのソースは、パスタが茹で上がるまでに混ぜ合わせておきましょう。

塩分量はお湯の約1%
お湯1.5ℓに塩大さじ1（約15g）

冷製パスタの場合

❶茹で時間は表記+1分
冷製パスタは茹で上げてから氷水で締めるため、表記されている茹で時間よりも1分長く茹でましょう。

❷塩の量は約2%
茹でるときに入れる塩は普段の倍量、お湯の約2%が目安。茹でた後に氷水で締めることを考慮して塩分濃度を高めます。

完成！

Step **3** ソースを作る

具材を炒め、ソースを作ります。パスタの茹で汁を加えると、ソースにほどよいとろみがつき、パスタと絡みやすくなります。

> *Point* にんにくは
> **弱火でじっくり加熱する**

にんにくは火をつける前にオリーブオイルと同時に投入しましょう。弱火でじっくり加熱することで香りが引き出され、風味がよくなります。

Step **4** パスタと
ソースを混ぜる

パスタが茹で上がったら、すぐにソースと混ぜ合わせます。

混ぜるだけパスタの場合

ソースを混ぜ合わせておいたボウルに、茹で上がったパスタを入れて絡めます。冷製パスタの場合は氷水で締めて水気を切ってから加えてください。

基本の食材・調理器具

これだけはそろえておきたい必須の食材と調理器具を紹介します。
シンプルなレシピだからこそ、オイルや塩などの基本調味料を上質なものにすると、
仕上がりが段違いにおいしくなりますよ！

食材・調味料

オリーブオイル
仕上げにはエキストラバージンタイプを使用すると風味がアップ。

トマト缶
煮込み系にはホールを、その他にはカットタイプが向いています。

イタリアンパセリ・赤唐辛子
辛みを出す赤唐辛子、トッピング用のパセリがあると便利。

粉チーズ
カルボナーラには必須。また、ソースに混ぜるとコクが出ます。

トマトペースト
トマト缶よりも酸味がまろやか。省スペースで扱いも簡単です。

塩・ブラックペッパー
ブラックペッパーは粗挽きを使うのがおすすめ。

パスタ

太さによって食感やソースとの絡み具合が変わるので、使い分けるのがおすすめです。

本書における使用麺と茹で時間		
オイルソース	1.6mm	7分
チーズソース	1.8mm	9分
クリームソース	1.8mm	9分
トマトソース	1.8mm	9分
和風ソース	1.6mm	7分
冷製	1.4mm	5分＋1分

※使用麺と茹で時間は目安であり、一部例外もあります。
※ナポリタンは1.8mmを使用し、茹で時間は9分＋1分です。

調理器具

フライパン

1～2人分なら直径24～26cmが最適。フッ素樹脂加工やアルミ製のものが◎。

鍋

小さめの鍋でパスタを茹でる場合は、適宜かき混ぜてくっつかないようにします。

ボウル

混ぜるだけでできるパスタ作りに、大きめのものがあると便利です。

トング

パスタをつかみやすいので盛りつけもきれいにできます。

ヘラ

フライパンを傷つけないシリコン製のものが重宝します。

本書の見方

調理時間

調理にかかる時間の目安です。材料を洗う、皮をむくなどの下ごしらえは含みません。

難易度

難易度の目安を5段階で表示しています。参考にしてください。

パスタを茹でる以外の、具材の加熱やソース作りの工程を電子レンジで行うレシピです。

パスタとソースをボウルで混ぜ合わせるだけでできるレシピです。

パスタを茹で始める

7〜9分茹でで（冷製パスタは5分茹で）のものを使用した場合の目安です。使用する麺によって異なるため、ご自身で使用する麺の茹で時間を確認し、参考にしてください。

かに缶トマトクリームパスタ

かに缶を使ったちょっと贅沢な一皿です。

 20分 ★★★☆☆

材料（1人分）

パスタ…80g
かに缶…50g
トマト缶（カット）…150g
マッシュルーム（薄切り）…2個
にんにく（みじん切り）…1かけ
生クリーム…50ml
赤唐辛子（輪切り）…適量
白ワイン…大さじ1
オリーブオイル…大さじ1
塩…ひとつまみ
イタリアンパセリ（細かく刻む）…適量

作り方

1 フライパンにオリーブオイルとにんにくを入れて弱火にかける。
2 にんにくの香りが立ったら、唐辛子とマッシュルームを加えて炒める。火が通ったら白ワインを回し入れてアルコール分を飛ばし、Aと塩を加えて煮詰める。
　パスタを茹で始める
3 フライパンの火を止め、生クリームと茹で上がったパスタを加えて混ぜ合わせる。
4 お皿に盛り、イタリアンパセリをトッピングする。

Point 煮詰めている間に水分が少なくなりすぎたら、適宜茹で汁を加えて調整してください。

いかの塩辛とめかぶのパスタ

めかぶのとろみで具がパスタによく絡みます。

調理時間 10分
難易度 ★☆☆☆☆

材料（1人分）

パスタ…80g
いかの塩辛…40g
めかぶ…40g
きゅうり（粗みじん切り）…1/3本
大葉（みじん切り）…3枚
塩昆布…小さじ1/2
めんつゆ…小さじ1/2
オリーブオイル…大さじ1
細ねぎ（小口切り）、刻み海苔、炒りごま…各適量

作り方

　パスタを茹で始める
1 ボウルにAを入れて混ぜる。
2 茹で上がったパスタと茹で汁（大さじ1程度）を加えて混ぜ合わせる。
3 お皿に盛り、ねぎ、海苔、ごまをトッピングする。

Point めかぶにタレが付属している場合は、Aに加えてください。

123

食材カテゴリー

「Part3 肉のパスタ」「Part4 魚介のパスタ」「Part5 卵・納豆のパスタ」「Part6 野菜・きのこのパスタ」は食材別にレシピを掲載しています。

Point

作る際の注意点やコツがある場合には、Pointとして記載しています。

その他
かに缶、海苔、塩辛を使ったパスタを紹介します。

レシピの表記について

・材料は基本的に1人分ですが、レシピによってはソースは作りやすい分量で表示しているものもあります。
・野菜を洗う、皮をむく、ヘタや種を取る、根元を切り落とすなどの下ごしらえは省略しています。
・パスタを茹でる際の塩は、材料欄から省略しています。
・材料の分量が「適量」となっているものは、様子を見ながら量を加減してください。
・計量スプーンは、大さじ1=15ml、小さじ1=5mlです。
・お玉1杯は、約100mlが目安です。

・とくに断りがない場合、醤油は濃い口醤油、味噌は合わせ味噌、バターは有塩のものを使用しています。
・火加減はとくに断りがない場合は中火です。また、火加減や加熱時間はあくまでも目安です。様子を見ながら加熱してください。
・電子レンジの加熱時間は600Wの場合の目安です。500Wの場合は1.2倍、700Wの場合は0.8倍の時間を目安にしてください。
・電子レンジ、オーブントースター、グリルなどの加熱時間は機種や食材の状態によっても異なるため、様子を見ながら加減してください。
・冷蔵、冷凍の保存期間は目安です。

Part 01

基本 のパスタ

ペペロンチーノ、ボンゴレビアンコ、
ナポリタン、カルボナーラ、
クリームパスタ、明太子パスタなど
基本の作り方を覚えておけば
好みの具材でアレンジできます。
トマトソースはアレンジできる万能ソースを、
和風パスタは定番のバター×醤油と
バター×めんつゆを紹介します。

ペペロンチーノ

にんにくは風味を出すためスライスに。
最低限の材料でできるパスタの王道。

調理時間 — 10分　難易度 — ★★★★☆

材料 (1人分)

パスタ…80g
にんにく (薄切り) …1かけ
赤唐辛子 (輪切り) …適量
イタリアンパセリ (細かく刻む)
　…適量
オリーブオイル…大さじ 1

\ Point /

にんにくは焦げないように気をつけながら、きつね色になるまでじっくり加熱しましょう。

作り方

1 フライパンにオリーブオイルとにんにくを入れ、弱火にかける。

> パスタを茹で始める

2 にんにくがきつね色になったら別皿に取り出し、同じフライパンに唐辛子を入れオイルに辛みを移す。

3 唐辛子の色が変わる前にパスタの茹で汁 (お玉 1/2 ～ 1杯) を加えてなじませる。

4 茹で上がったパスタ、イタリアンパセリ (トッピング用に少し残す)、オリーブオイル適量 (分量外) を加えて混ぜ合わせる。

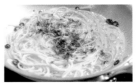

5 お皿に盛り、②のにんにくとイタリアンパセリをトッピングする。

ボンゴレビアンコ

あさりを使った定番パスタ。あさりの旨み
たっぷりのオイルソースは絶品です。

調理時間 — **15分** 難易度 — ★★★☆☆

材料（1人分）

パスタ…80g
あさり（砂抜きしたもの）…15個
にんにく（みじん切り）…1かけ
イタリアンパセリ（細かく刻む）
　…適量
白ワイン…大さじ2
オリーブオイル…大さじ1

Point

あさりの塩気があるので、パスタを茹で
るときの塩はやや控えめにするのがお
すすめ。最後に味をみて、必要に応じ
て塩を足しましょう。

作り方

1 フライパンにオリーブオイルと
にんにくを入れ、弱火にかける。

> パスタを茹で始める

2 にんにくが軽く色づいたら、あさ
りと白ワインを加えて中火にし、
蓋をする。

3 あさりがすべて開いたら、かた
くならないよう別皿に取り出す
（蒸し汁はフライパンに残して
おく）。

4 茹で上がったパスタ、茹で汁（お
玉1/2杯程度）、③、イタリアンパ
セリ（トッピング用に少し残す）、
オリーブオイル適量（分量外）を
加えて混ぜ合わせる。

5 お皿に盛り、イタリアンパセリを
トッピングする。

カルボナーラ

生クリームは使わずに、あえて卵と粉チーズだけで作る本格レシピです。

調理時間 — 10分　難易度 — ★★★☆☆

材料（1人分）

パスタ…80g
ベーコン（短冊切り）…30g
┌ 全卵、卵黄…各1個
A 粉チーズ…15g
└ ブラックペッパー…適量
オリーブオイル…大さじ1

\ Point /

ソースの材料を加える前にいったん火を止めることで、フライパンの温度が下がり、ソースが固まったりダマになったりするのを防ぎます。

作り方

1　Aの材料を混ぜ合わせておく。

パスタを茹で始める

2　フライパンにオリーブオイルとベーコンを入れて炒め、焼き色がついたらパスタの茹で汁（お玉1/2〜1杯）を加えて混ぜ合わせる。

3　茹で上がったパスタを加え混ぜ、火を止める。

4　フライパンの温度が少し落ち着いたら①を加え、弱火にしてとろみがつくまで混ぜ合わせる。

5　お皿に盛り、ブラックペッパー（分量外）をトッピングする。

基本のパスタ❹

ほうれん草とベーコンの
クリームパスタ

牛乳と生クリームを両方使い、さらに
粉チーズを加えることでコクをプラスします。

調理時間 — 15分　　難易度 — ★★★☆☆

材料（1人分）

パスタ…80g
ほうれん草（ざく切り）…40g
ベーコン（短冊切り）…20g
しめじ…20g
にんにく…1かけ
牛乳…50ml
生クリーム…50ml
バター…5g
粉チーズ…大さじ1
オリーブオイル…大さじ1
ブラックペッパー…適量

\ Point /

牛乳と生クリームを1：1で混ぜ合わせ
ることで、ちょうどよいクリーミーさに
なります。

作り方

1 フライパンにオリーブオイルと
包丁の腹で大きめに潰したにん
にくを入れ、弱火にかける。

> パスタを茹で始める

2 香りが立ったら、フライパンに
ベーコンを加えて炒める。焼き
色がついたら、ほぐしたしめじと
ほうれん草を加えてサッと炒め
合わせる。

3 牛乳と生クリームを加えて弱火
で煮詰める。

4 茹で上がったパスタと茹で汁
（お玉1/2〜1杯）、バター、粉
チーズを加え、とろみがつくまで
混ぜながら加熱する。

5 お皿に盛り、ブラックペッパーを
トッピングする。

トマトソースパスタ

作り置きできるシンプルなトマトソース。しっかり
煮詰めることで、酸味がまろやかになります。

調理時間 —— 40分　難易度 —— ★☆☆☆☆

材料（1人分）

パスタ…80g
【万能トマトソース】※
トマト缶（ホール）…1缶
にんにく（みじん切り）…1かけ
オリーブオイル…大さじ3
砂糖…ひとつまみ
塩…適量

※**万能トマトソースは3人分。冷蔵で3日、
冷凍で2〜3週間保存可能。**

作り方

1 小鍋にオリーブオイルとにんに
くを入れて弱火にかける。

2 にんにくが色づき始めたら火を
止め、トマト缶を加える。再び火
をつけ、ときどきかき混ぜながら
弱火で30分ほど煮詰める。

3 水分が飛んでソース状になった
ら、砂糖と塩で味を調える。

パスタを茹で始める

4 茹で上がったパスタをお皿に盛
り、③を適量かける。

\ *Point* /

トマト缶は、加える前にざっと潰してヘ
タを取り除きましょう。

万能トマトソース　アレンジレシピ❶

アラビアータ

万能トマトソースをアレンジして作る、ピリ辛トマトパスタ。
唐辛子のピリッとした辛みが効いています。

調理時間　**10分**　　難易度　★★☆☆☆

材料（1人分）

パスタ…80g
万能トマトソース
（P20参照）…60g
にんにく（みじん切り）
　…1かけ

赤唐辛子（輪切り）
　…適量
オリーブオイル
　…小さじ1
イタリアンパセリ
（細かく刻む）…適量

作り方

パスタを茹で始める

1　フライパンにオリーブオイルとにんにくを入れ、弱火にかける。香りが立ったら赤唐辛子を加える。

2　にんにくがきつね色になったら、トマトソースとパスタの茹で汁（お玉1/2〜1杯）を加えて煮詰める。

3　茹で上がったパスタとオリーブオイル適量（分量外）をフライパンに入れて混ぜ合わせる。

4　お皿に盛り、イタリアンパセリをトッピングする。

万能トマトソース　アレンジレシピ❷

トマトクリームパスタ

生クリームを加えることでトマトの酸味がまろやかになります。生クリームは火を止めてから加えましょう。

調理時間　**10分**　　難易度　★★★☆☆

材料（1人分）

パスタ…80g
ベーコン（短冊切り）
　…30g
万能トマトソース
（P20参照）…80g
玉ねぎ（みじん切り）
　…1/8個

生クリーム…大さじ1
オリーブオイル
　…大さじ1
イタリアンパセリ
（細かく刻む）…適量

作り方

パスタを茹で始める

1　フライパンにオリーブオイルと玉ねぎを入れて炒める。透き通ってきたら弱火にし、ベーコンを加えて3分ほど炒める。

2　トマトソースとパスタの茹で汁（お玉1/2〜1杯）を加えて煮詰める。

3　パスタが茹で上がる直前に、フライパンの火を止めて生クリームを加えてなじませる。

4　茹で上がったパスタを加えて混ぜ合わせる。

5　お皿に盛り、イタリアンパセリをトッピングする。

 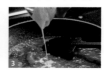

きのこの焦がしバター醤油パスタ

和風パスタの定番であるバター醤油は、バターをよく熱することでワンランクアップした味わいに。

調理時間 — 15分　難易度 — ★★★☆☆

材料（1人分）

パスタ…80g
好みのきのこ…100g
醤油…小さじ2
バター…15g
ブラックペッパー…適量

\ *Point* /
バターは焦がさないように注意しつつ、褐色になるまで加熱することで風味がよくなります。

作り方

1 フライパンにきのこを入れ、中火〜強火で5分ほど素焼きして取り出す。

パスタを茹で始める

2 ①のフライパンにバターを入れ、焦げないよう注意しながら溶かす。

3 バターが褐色になったら、①を戻し入れ、醤油を加えて混ぜる。

4 パスタの茹で汁（お玉1/2〜1杯）を加えてなじませ、茹で上がったパスタを加えて混ぜ合わせる。

5 お皿に盛り、ブラックペッパーをトッピングする。

基本のパスタ❼
アスパラとツナの和風パスタ

めんつゆを使った和風パスタの味つけも
覚えておくと便利。いろいろアレンジできます。

調理時間 ── 10分   難易度 ★★★☆☆

材料（1人分）

パスタ…80g
アスパラガス（斜め切り）…2本
ツナ缶…1/2缶
めんつゆ…小さじ2
バター…5g
オリーブオイル…大さじ1
細ねぎ（斜め切り）…適量
七味唐辛子…適量

作り方

> パスタを茹で始める

1 フライパンにオリーブオイルと
アスパラガスを入れて炒める。

2 アスパラガスに火が通ったら、ツ
ナ缶とめんつゆを加えてサッと
炒め、パスタの茹で汁（お玉1/2
〜1杯）を加えてなじませる。

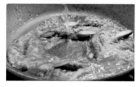

3 茹で上がったパスタとバターを
加えて混ぜ合わせる。

4 お皿に盛り、ねぎと七味唐辛子
をトッピングする。

＼ Point ／
和風パスタは仕上げにねぎや大葉など
の薬味をお好みでのせるのがおすすめ
です。

明太子パスタ

明太子ソースは先に混ぜ合わせておけば、
茹でたパスタと混ぜ合わせるだけ！

混ぜるだけ

調理時間 — 10分　　難易度 — ★☆☆☆☆

材料（1人分）

パスタ…80g
- 明太子…30g
- 生クリーム…大さじ 2
A バター…15g
- 白だし…大さじ 1/2
- レモン汁…適量
大葉（せん切り）、刻み海苔
　…各適量

作り方

パスタを茹で始める

1　明太子は薄皮から出す。ボウル
　にAとパスタの茹で汁（大さじ 1
　程度）を入れておく。

2　茹で上がったパスタをボウルに
　加えて混ぜ合わせる。

3　お皿に盛り、明太子（分量外）と
　大葉、海苔をトッピングし、お好
　みでレモンの輪切り（分量外）を
　添える。

＼ *Point* ／

生クリームとバターが入ることで、な
めらかでしっとりとしたソースになりま
す。

基本のパスタ❾

ナポリタン

日本生まれの和製パスタの代表格。
懐かしさのあるほんのり甘いケチャップ味です。

| 調理時間 | 15分 | 難易度 | ★★★☆☆ |

材料（1人分）

パスタ…80g
ソーセージ（斜め切り）…2本
玉ねぎ（薄切り）…1/4個
ピーマン（輪切り）…1個
バター…5g
ケチャップ…大さじ4
白ワイン…大さじ1
粉チーズ…大さじ1
オリーブオイル…大さじ1
ブラックペッパー…適量
乾燥パセリ…適量

\ Point /

麺を通常よりも長めに茹でることで、もっちりとしたナポリタンらしい食感に仕上がります。

作り方

パスタを茹で始める
（袋の表示時間 +1分）

1 フライパンにオリーブオイルを入れ、玉ねぎ、ソーセージの順に加えて炒める。

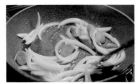

2 玉ねぎがしんなりしたらピーマンを加えサッと炒め、火が通ったら白ワインを回し入れてアルコール分を飛ばす。

3 フライパンの中身を端に寄せる。空いたスペースにケチャップを入れて軽く炒め、全体を混ぜ合わせる。

4 パスタの茹で汁（お玉1/2〜1杯）とブラックペッパーを加えてなじませ、茹で上がったパスタ、バター、粉チーズを加えて混ぜ合わせる。

5 お皿に盛り、粉チーズ（分量外）とパセリをトッピングする。

ミートソースパスタ

ひき肉と野菜をじっくり煮詰めることで
旨みが凝縮したソースになります。

調理時間 — 90分　難易度 ★★★☆☆

材料（1人分）

パスタ…80g
粉チーズ、乾燥パセリ…各適量
【ミートソース】※
合いびき肉…200g
┌ にんじん（みじん切り）…1/3本
│A セロリ（みじん切り）…1/2本
│ 玉ねぎ（みじん切り）…1/2個
└ ローリエ…1枚
┌B トマト缶（ホール）…1缶
└ トマトペースト…大さじ1
にんにく（みじん切り）…1かけ
赤ワイン…100ml
オリーブオイル…大さじ2
塩、ナツメグ…各適量

※ミートソースは3〜4人分。冷蔵で3日、
冷凍で2〜3週間保存可能。

作り方

1 フライパンにオリーブオイルと
にんにくを入れ、弱火でじっくり
オイルに香りを移す。

2 香りが立ったら**A**を加えて20分
ほど弱火で炒め、取り出す。

3 ②のフライパンに合いびき肉と
塩ひとつまみを加えて表面を焼
く。片面に焼き色がついたら裏
返し、軽くほぐし②を戻し入れる。

4 赤ワインを回し入れてアルコー
ル分を飛ばし、**B**を加えて水分
が飛ぶまで弱火でじっくり煮詰
める。

パスタを茹で始める

5 塩で④の味を調えナツメグを加
えて混ぜ合わせる。

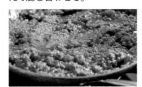

6 お皿に茹で上がったパスタを盛
り、⑤を適量かけ、粉チーズとパ
セリをトッピングする。

\ *Point* /

最初にひき肉にしっかり焼き色をつけ
ることで、くさみがなくなり、深みのあ
るソースになります。

Part 02

シンプル

パスタ

卵とバターと粉チーズさえあれば
混ぜるだけで完成する釜玉カルボナーラや
こんがり炒めたパン粉が具の
カリカリパン粉のパスタなど
最小限の材料でできるミニマムレシピ。
買い物ができない日でも
家にあるものだけでササッと作れる
お助けパスタです。

貧乏人のパスタ2.0

イタリア生まれの定番、家パスタを簡単テクでアレンジ。

調理時間 — 20分　難易度 — ★★★☆☆

材料（1人分）

パスタ…80g
卵…2個
にんにく（みじん切り）
　…1かけ
オリーブオイル…大さじ1

パン粉、粉チーズ
　…各大さじ1
ブラックペッパー…適量

作り方

1　フライパンにパン粉を入れ乾煎りする。色が変わり始めたら粉チーズを加え、全体がきつね色になったら取り出す。

2　フライパンにオリーブオイルとにんにくを入れて弱火にかける。にんにくはきつね色になったら取り出し、①に加えて混ぜ合わせる。

　　パスタを茹で始める

3　②のフライパンに卵を入れて目玉焼きを2つ作り、半熟になったら1つは取り出す。残ったほうを崩してサッと炒め、パスタの茹で汁（お玉1/2～1杯）を加える。

4　茹で上がったパスタ、②の半量を加えて混ぜ合わせる。

5　お皿に盛り、目玉焼き、ブラックペッパー、②の残りをトッピングする。

簡単トマトクリームパスタ

生クリームではなく牛乳を使うことで気軽に作れます。

調理時間 — 10分　難易度 — ★★☆☆☆

材料（1人分）

パスタ…80g
　┌トマト缶（カット）
　│　…100g
A │牛乳…100ml
　└塩昆布…大さじ1強
にんにく（みじん切り）
　…1かけ

バター…10g
オリーブオイル…大さじ1
ブラックペッパー…適量
乾燥パセリ…適量

作り方

1　フライパンにオリーブオイルとにんにくを入れ、弱火にかける。

　　パスタを茹で始める

2　にんにくの香りが立ったら、フライパンにAを加えて弱火で煮詰める。

3　茹で上がったパスタとバター、ブラックペッパーをフライパンに加えて混ぜ合わせる。

4　お皿に盛り、パセリとブラックペッパーをトッピングする。

Point　塩昆布を入れることで旨み加わり、味がぐっと深まります。

焦がしバターパスタ

バターとチーズさえあれば作れるお助けメニュー。

| 調理時間 | 10分 |
| 難易度 | ★☆☆☆☆ |

材料（1人分）

パスタ…80g
バター…20g
粉チーズ…20g

作り方

パスタを茹で始める

1 フライパンにバターを入れ加熱し、バターが褐色になったら火を止める。

2 ボウルに粉チーズとパスタの茹で汁（お玉1/2杯程度）を入れてよく混ぜ合わせる。

3 茹で上がったパスタと②をフライパンに加えて混ぜ合わせる。

サルサ・ポモドーロ

作り置きのトマトソースを活用したシンプルなトマトパスタ。

| 調理時間 | 10分 |
| 難易度 | ★★☆☆☆ |

材料（1人分）

パスタ…80g
万能トマトソース
（P20参照）…80g
玉ねぎ（みじん切り）
　…1/8個
バジル…3枚
粉チーズ…適量
オリーブオイル…大さじ1

作り方

パスタを茹で始める

1 フライパンにオリーブオイルと玉ねぎを入れ炒める。玉ねぎが透き通ったら、トマトソース、ちぎったバジル、パスタの茹で汁（お玉1/2〜1杯）を加え、弱火で煮詰める。

2 茹で上がったパスタと粉チーズをフライパンに加えて混ぜ合わせる。

3 お皿に盛り、バジル（分量外）をトッピングする。

釜玉カルボナーラ

釜玉うどんの要領で混ぜるだけ！ サッと作れます。

混ぜるだけ

| 調理時間 | 10分 |
| 難易度 | ★☆☆☆☆ |

材料（1人分）

パスタ…80g
A ┌ 卵黄…1個
　├ バター…10g
　├ 粉チーズ…15g
　├ だし醤油…小さじ1
　└ ブラックペッパー
　　…適量

作り方

パスタを茹で始める

1 ボウルに**A**とパスタの茹で汁（大さじ1程度）を入れて混ぜる。

2 茹で上がったパスタを加えて素早く混ぜ合わせる。

プッタネスカ

メイン具材なしでもごちそう感があります。

調理時間 — 20分　難易度 — ★★★☆☆

材料（1人分）

パスタ…80g
トマト缶（カット）…150g
にんにく（みじん切り）
　…1かけ
アンチョビフィレ…2枚
オリーブ（輪切り）…5個
ケッパー…小さじ1
赤唐辛子（輪切り）…適量
オリーブオイル…大さじ1
イタリアンパセリ
（細かく刻む）…適量

作り方

1　フライパンにオリーブオイルとにんにくを入れて弱火にかける。香りが立ったら赤唐辛子とアンチョビを加えて軽く炒め、オリーブ、ケッパーを加える。

　　パスタを茹で始める

2　フライパンにトマト缶を加え、途中でイタリアンパセリ（トッピング用に少し残す）も加えて弱火で煮詰める。

3　茹で上がったパスタと茹で汁（お玉1/2杯程度）、オリーブオイル適量（分量外）を加えて混ぜ合わせる。

4　お皿に盛り、イタリアンパセリをトッピングする。

カリカリパン粉のパスタ

炒めたパン粉の食感や香ばしさがアクセントに。

調理時間 — 15分　難易度 — ★★★☆☆

材料（1人分）

パスタ…80g
パン粉…大さじ1
アンチョビフィレ…1枚
にんにく（薄切り）…1かけ
赤唐辛子（輪切り）…適量
イタリアンパセリ
（細かく刻む）…適量
オリーブオイル…大さじ1

作り方

1　フライパンに少量のオリーブオイル（分量外）とアンチョビを入れ、ほぐしながら炒める。パン粉を加えて炒め、きつね色になったら取り出す。

　　パスタを茹で始める

2　フライパンにオリーブオイルとにんにくを入れて弱火にかけ、きつね色になったらにんにくを取り出す。赤唐辛子を入れて少し炒め、パスタの茹で汁（お玉1/2〜1杯）を加える。

3　茹で上がったパスタ、イタリアンパセリ（トッピング用に少し残す）、オリーブオイル適量（分量外）を加えて混ぜ合わせる。

4　お皿に盛り、②のにんにくを細かく潰し、①とイタリアンパセリとともにトッピングする。

Part 03

肉

のパスタ

チキンソテーを丸ごとのせたパスタや
牛肉を使ったデミ風パスタなど
一皿でおなかいっぱいになる
ボリューム満点のレシピがたくさん！
牛肉、豚肉、鶏肉はもちろん
ベーコン、ソーセージ、焼き鳥缶など
扱いやすくて便利な
加工品を使ったレシピも紹介します。

パスタに合わせるなら、豚肉の旨みと脂のコクを楽しめるバラの薄切り肉がとくにおすすめです。

豚バラとアスパラのガリバタ醤油パスタ

| 調理時間 | 15分 |
| 難易度 | ★★★☆☆ |

にんにく＋バター醤油は間違いのないおいしさ。
野菜は冷蔵庫にあるものでも大丈夫です。

材料（1人分）

パスタ…80g
豚バラ薄切り肉…80g
アスパラガス（斜め切り）…2本
にんにく…1かけ
赤唐辛子（輪切り）…適量
醤油…小さじ2
バター…5g
オリーブオイル…大さじ1

作り方

1 フライパンにオリーブオイル適量（分量外）と食べやすい大きさに切った豚肉を入れて炒め、火が通ったら取り出す。フライパンの油を拭き取り、オリーブオイルと大きめに潰したにんにくを入れて弱火にかける。

　　パスタを茹で始める

2 にんにくの香りが立ったら、アスパラガスと唐辛子を加え、火が通ったら①の豚肉を戻し入れる。

3 醤油とパスタの茹で汁（お玉1/2～1杯）を加えてなじませ、茹で上がったパスタ、バターを加えて混ぜ合わせる。

豚バラとキャベツの和風オイルパスタ

定番のオイルパスタを大葉と味噌で和風にアレンジ。

| 調理時間 | ─── 10分 | 難易度 | ─── ★★★☆☆ |

材料（1人分）

パスタ…80g
豚バラ薄切り肉…50g
キャベツ（ざく切り）…50g
にんにく…1かけ
大葉（みじん切り）…3枚

赤唐辛子（輪切り）…適量
味噌…小さじ1
オリーブオイル…大さじ1

作り方

1 フライパンにオリーブオイルと大きめに潰したにんにくを入れて弱火にかける。
   パスタを茹で始める

2 にんにくの色が変わり始めたら食べやすい大きさに切った豚肉と唐辛子を加えて炒める。

3 キャベツはパスタが茹で上がる3分前に同じ鍋に加えて一緒に茹でる。

4 ②のフライパンに大葉、味噌、パスタの茹で汁（お玉1/2〜1杯）を加えてなじませ、茹で上がったパスタとキャベツを加えて混ぜ合わせる。

Point 脂の多い豚バラ肉には、大葉などの薬味を合わせるとさっぱりと食べられます。

豚バラのガーリックトマトパスタ

ガツンとしっかり味のものが食べたいときにおすすめ。

| 調理時間 | ─── 15分 | 難易度 | ─── ★★★☆☆ |

材料（1人分）

パスタ…80g
豚バラ薄切り肉…80g
トマト缶（カット）…100g
玉ねぎ（薄切り）…1/8個
にんにく（薄切り）…1かけ

赤唐辛子（輪切り）…適量
オリーブオイル…大さじ1
塩、ブラックペッパー
　…各適量

作り方

1 フライパンにオリーブオイルとにんにくを入れて弱火にかける。にんにくはきつね色になったら取り出す。
   パスタを茹で始める

2 ①のフライパンに玉ねぎを入れて弱火で炒め、透き通ったら食べやすい大きさに切った豚肉を加えてさらに炒める。豚肉の色が変わってきたら唐辛子を加え、トマト缶とパスタの茹で汁（お玉1杯程度）を加えて煮詰める。

3 茹で上がったパスタと①を加えて混ぜ合わせ、塩で味を調える。

4 お皿に盛り、ブラックペッパーをトッピングする。

豚バラときのこの和風クリームパスタ

豚バラの脂がソースとなじんでコクが出ます。

調理時間 — 15分 難易度 ★★★☆☆

材料（1人分）

パスタ…80g
豚バラ薄切り肉…60g
しめじ…30g
しいたけ（薄切り）…1個
長ねぎ（みじん切り）
　…1/4本
塩昆布…大さじ1
生クリーム…100ml

バター…5g
オリーブオイル
　…大さじ1/2
塩、ブラックペッパー
　…各適量

作り方

1　豚肉は食べやすい大きさに切って軽く塩を振り、オリーブオイルを引いたフライパンで炒める。焼き色がついたら取り出す。

　　パスタを茹で始める

2　①のフライパンにバターを入れて弱火で熱し、溶けたら長ねぎを加えて炒める。しんなりしたらほぐしたしめじ、しいたけを加えてさらに炒める。生クリーム、塩昆布、パスタの茹で汁（お玉1杯程度）を加えて煮詰める。

3　茹で上がったパスタと①を加え、とろみがつくまで加熱しながら混ぜ合わせる。

4　お皿に盛り、ブラックペッパーをトッピングする。

豚バラときのこの和風パスタ

長ねぎと細ねぎのWねぎ使いで風味豊かに。

調理時間 — 15分 難易度 ★★★☆☆

材料（1人分）

パスタ…80g
豚バラ薄切り肉…60g
A┌ しめじ…30g
　│ しいたけ（薄切り）…1個
　│ 長ねぎ（薄切り）
　└　…1/4本

めんつゆ…小さじ2
バター…5g
オリーブオイル…小さじ2
細ねぎ（小口切り）…適量
七味唐辛子…適量

作り方

1　フライパンにAを入れ、中火〜強火で5分ほど素焼きして取り出す。

　　パスタを茹で始める

2　フライパンにオリーブオイルを熱し、食べやすい大きさに切った豚肉を炒める。焼き色がついたら弱火にし、①を戻し入れて炒め合わせ、めんつゆを回し入れる。

3　めんつゆとパスタの茹で汁（お玉1/2〜1杯）を加えてなじませ、茹で上がったパスタとバターを加えて混ぜ合わせる。

4　お皿に盛り、ねぎと七味唐辛子をトッピングする。

豚バラとしらすのトマトパスタ

ケッパーやオレガノを入れることで本格的な味わいに。

[調理時間] — **15分**　[難易度] — ★★★☆☆

材料（1人分）

パスタ…80g
豚バラ薄切り肉…60g
A ┌ しらす…15g
　└ ケッパー…小さじ 1
玉ねぎ（みじん切り）
　…1/8 個

にんにく（みじん切り）
　…1 かけ
トマト缶（カット）…60g
オレガノ…適量
オリーブオイル…大さじ 1
ブラックペッパー…適量

作り方

1　フライパンにオリーブオイルとにんにくを入れ弱火にかける。香りが立ったら玉ねぎを加える。
　　[パスタを茹で始める]

2　玉ねぎがしんなりしたら食べやすい大きさに切った豚肉を加えて炒める。豚肉の色が変わったら、**A** を加えてサッと炒め合わせ、トマト缶、パスタの茹で汁（お玉 1 杯程度）、オレガノを加えて煮詰める。

3　茹で上がったパスタとオリーブオイル適量（分量外）を加えて混ぜ合わせる。

4　お皿に盛り、ブラックペッパーをトッピングする。

豚バラと白菜のパスタ

豚肉の表面にこんがり焼き色をつけるのがおいしさの秘訣。

[調理時間] — **20分**　[難易度] — ★★★☆☆

材料（1人分）

パスタ…80g
豚バラかたまり肉…80g
白菜（ざく切り）…50g
オリーブオイル…適量

A ┌ ケッパー…小さじ 1/2
　├ にんにく（みじん切り）
　└ 　…1 かけ
塩、ブラックペッパー
　…各適量

作り方

1　豚肉は軽く塩を振り、オリーブオイルを引いたフライパンで表面を焼く。
　　[パスタを茹で始める]

2　豚肉の表面に焼き色がついたらいったん火を止め、キッチンバサミなどで食べやすい大きさに切る。フライパンの油を 1 か所に集め、そこに **A** を入れて弱火にかける。香りが立ったら白菜とパスタの茹で汁（お玉 1/2 〜 1 杯）を加えて蓋をし、2 分ほど蒸し焼きにする。

3　茹で上がったパスタを加えて混ぜ合わせる。

4　お皿に盛り、ブラックペッパーをトッピングする。

Point　豚肉は通常の薄切りでも大丈夫です。厚切りにするといつもと違ったごちそう感を出すことができます。

豚バラとキムチのクリームパスタ

キムチ×クリームは意外にもおすすめの組み合わせ。

調理時間 ── 10分　難易度 ── ★★★☆☆

材料（1人分）

パスタ…80g
豚バラ薄切り肉…50g
キムチ…30g
キャベツ（ざく切り）…20g
生クリーム…100ml
粉チーズ…大さじ1

オイスターソース
　…小さじ1
オリーブオイル…小さじ2
細ねぎ（小口切り）…適量
ブラックペッパー…適量

作り方

　　パスタを茹で始める

1　フライパンにオリーブオイルを熱し、食べやすい大きさに
　切った豚肉を弱火で炒める。色が変わってきたらキムチ
　とキャベツを加えてさらに炒める。全体に火が通ったら
　オイスターソースを加えて炒め合わせる。

2　生クリームとパスタの茹で汁（お玉1/2〜1杯）を加えて
　煮詰める。

3　茹で上がったパスタと粉チーズを加え、とろみがつくまで
　加熱しながら混ぜ合わせる。

4　お皿に盛り、ねぎとブラックペッパーをトッピングする。

豚バラとゴーヤの和風オイルパスタ

ほろ苦いゴーヤで食が進むチャンプルー風。

調理時間 ── 15分　難易度 ── ★★★☆☆

材料（1人分）

パスタ…80g
豚バラ薄切り肉…80g
ゴーヤ…1/3本
にんにく…1かけ
赤唐辛子（輪切り）…適量

醬油…小さじ1
オリーブオイル…大さじ1
鰹節…適量

作り方

1　ゴーヤはワタを取って薄切りにし、塩水にさらして水気を
　切っておく。

2　フライパンにオリーブオイルと大きめに潰したにんにくを
　入れて弱火にかける。

　　パスタを茹で始める

3　にんにくの香りが立ったら、唐辛子、食べやすい大きさに
　切った豚肉、ゴーヤの順に加えて炒める。火が通ったら
　醬油を加えて炒め合わせる。

4　茹で上がったパスタと茹で汁（お玉1/2杯程度）を加えて
　混ぜ合わせる。

5　お皿に盛り、鰹節をトッピングする。

Point ── ゴーヤは塩水にさらすことで苦みが和らぎます。

バジルチキントマトパスタ

皮目をパリッと焼いたチキンソテーを大胆にのせたボリューミーパスタ。
ソースはあえてシンプルに。

| 調理時間 | 25分 |
| 難易度 | ★★★☆☆ |

材料（1人分）

パスタ…80g
鶏もも肉…150g
玉ねぎ（みじん切り）…1/4個
にんにく（みじん切り）…1かけ
バジル…3枚
トマトペースト…大さじ1
オリーブオイル…適量
塩、ブラックペッパー…各適量

作り方

1 鶏肉は塩とブラックペッパーで下味をつけ、皮目を下にしてフライパンに入れる。弱火で7分、裏返して2分焼き、再び皮目を下にして強火で1分焼いたら火を止め、そのまま2分休ませてから取り出す。フライパンにオリーブオイルを足し、鶏肉から出た油と合わせて大さじ1程度になるようにする。

　　パスタを茹で始める

2 ①のフライパンににんにくを入れて弱火かける。香りが立ったら玉ねぎを加えてしんなりするまで炒める。トマトペーストを加えて炒め合わせ、ちぎったバジルとパスタの茹で汁（お玉1杯程度）を加えて煮詰める。

3 茹で上がったパスタとオリーブオイルを加えて混ぜ合わせる。

4 お皿に盛り、食べやすい大きさに切った①とブラックペッパーをトッピングする。

Point ▷ 鶏肉の焼き時間は目安です。厚さや大きさなどによって適宜調整してください。

鶏肉とズッキーニのトマトパスタ

ズッキーニの代わりになすを使うのもおすすめ。

調理時間 **20分**　難易度 ★★★☆☆

材料（1人分）

パスタ…80g
鶏もも肉…80g
ズッキーニ（乱切り）
　…1/3本
玉ねぎ（みじん切り）
　…1/8個
にんにく（みじん切り）
　…1かけ

オリーブ（輪切り）…2個
粉チーズ…大さじ1
┌トマト缶（カット）…100g
A 砂糖…ひとつまみ
└オレガノ…適量
オリーブオイル…大さじ1
塩、ブラックペッパー
　　　　…各適量

作り方

1 フライパンにオリーブオイル、食べやすい大きさに切った
　鶏肉、ズッキーニを入れ、軽く塩を振って焼き色がつくまで
　炒め、取り出す。

2 ①のフライパンに玉ねぎとにんにくを入れ弱火にかける。

　　パスタを茹で始める

3 玉ねぎがしんなりしたらオリーブを加えてサッと炒め、①、
　A、パスタの茹で汁（お玉1杯程度）を加え煮詰める。

4 茹で上がったパスタと粉チーズを入れて混ぜ合わせる。

5 お皿に盛り、ブラックペッパーをトッピングする。

鶏肉とパプリカのトマトパスタ

パプリカは小さめに切ってソースになじませます。

調理時間 **20分**　難易度 ★★★☆☆

材料（1人分）

パスタ…80g
鶏もも肉…80g
パプリカ（角切り）…1/4個
玉ねぎ（みじん切り）
　…1/8個
にんにく（みじん切り）
　…1かけ

┌トマト缶（カット）
A 　…100g
└砂糖…ひとつまみ
イタリアンパセリ
（細かく刻む）…適量
オリーブオイル…大さじ1
塩、ブラックペッパー
　　　　…各適量

作り方

1 鶏肉は食べやすい大きさに切り、塩とブラックペッパーで
　下味をつける。

2 フライパンにオリーブオイルとにんにくを入れて弱火にか
　け、香りが立ったら玉ねぎを加えて炒める。しんなりした
　ら①とパプリカを加えてさらに炒める。

　　パスタを茹で始める

3 鶏肉の色が変わったらAを加えてサッと混ぜ合わせ、パ
　スタの茹で汁（お玉1杯程度）を加えて煮詰める。

4 茹で上がったパスタ、イタリアンパセリ（トッピング用に少
　し残す）、オリーブオイル適量（分量外）を加えて混ぜ合わ
　せ、塩で味を調える。

5 お皿に盛り、イタリアンパセリをトッピングする。

鶏肉と長ねぎのクリームパスタ

長ねぎはグリルやトースターで焼いて甘みを出します。

| 調理時間 | — **15分** | 難易度 | ★★★☆☆ |

材料（1人分）

パスタ…80g
鶏もも肉…60g
長ねぎ（薄切り）…1/4本
まいたけ…30g
A┌生クリーム…100ml
　└塩昆布…小さじ 1
めんつゆ…小さじ 1

オリーブオイル
　…大さじ 1/2
塩、ブラックペッパー
　…各適量

作り方

1　鶏肉は塩とブラックペッパーで下味をつける。まいたけは、食べやすい大きさにさいて長ねぎと一緒にアルミホイルにのせてグリルやトースターで 5 分ほど加熱する。

2　フライパンにオリーブオイルと鶏肉を入れて弱火で炒める。

　 パスタを茹で始める

3　鶏肉の色が変わったら①の長ねぎとまいたけを加えてサッと炒め、めんつゆを加えて炒め合わせる。**A** とパスタ

の茹で汁（お玉 1 杯程度）を加えて煮詰める。

4　茹で上がったパスタを加えて混ぜ合わせ、とろみがつくまで加熱する。

5　お皿に盛り、ブラックペッパーをトッピングする。

> *Point*　まいたけと長ねぎは、グリルやトースターで一度焼くことで香ばしさがプラスされます。

鶏肉とブロッコリーの豆乳クリームパスタ

アンチョビを加えることで旨みとコクがアップ。

| 調理時間 | — **20分** | 難易度 | ★★★★☆ |

材料（1人分）

パスタ…80g
鶏もも肉…80g
ブロッコリー…50g
アンチョビフィレ…2枚
A┌豆乳…200ml
　└クリームチーズ…35g

オリーブオイル
　…大さじ 1/2
塩、ブラックペッパー
　…各適量

作り方

1　鶏肉は塩とブラックペッパーで下味をつけ、オリーブオイルで和える。フライパンに入れて弱火で焼く。

2　パスタ用の湯を沸かして塩を加え、小房に分けたブロッコリーを 2 分茹でる。

　パスタを茹で始める

3　鶏肉の片面に焼き色がついたらアンチョビを加えてほぐし、②を加えて炒め合わせる。

4　**A** を加えてクリームチーズを溶かしながら弱火で煮詰める。途中でブラックペッパーを加える。

5　茹で上がったパスタを加えて混ぜ、とろみがつくまで加熱する。

6　お皿に盛り、ブラックペッパーをトッピングする。

> *Point*　もし、スーパーにあればジューシーで歯応えのある手羽トロで作るのもおすすめです。

鶏肉とかぼちゃの焦がしバターパスタ

ローズマリーの香りとかぼちゃの甘みが合うんです。

材料（1人分）

パスタ…80g
鶏もも肉…80g
かぼちゃ…80g
ローズマリー…適量
醤油…小さじ1
バター…10g
ブラックペッパー
　…適量

作り方

1 かぼちゃは食べやすい大きさに切り、600W のレンジで2分加熱する。鶏肉は食べやすい大きさに切る。

　　パスタを茹で始める

2 フライパンにバター、鶏肉、ローズマリーを入れて炒める。鶏肉に焼き色がついたら①を加えて炒め合わせる。

3 醤油とパスタの茹で汁（お玉 1/2 〜 1杯）を加えてなじませ、茹で上がったパスタを加えて混ぜ合わせる。

4 お皿に盛り、ブラックペッパーをトッピングする。

鶏むねと長ねぎのレンチンパスタ

電子レンジにかけるだけであっというまに完成！

レンチン

調理時間 — 10分
難易度 — ★☆☆☆☆

材料（1人分）

パスタ…80g
　┌鶏むね肉…80g
　│長ねぎ（薄切り）…1/3本
A│にんにく（すりおろし）…小さじ 1/2
　│鶏ガラスープの素…小さじ1
　└醤油…小さじ1
　┌バター…10g
B│キムチ…適量
　└炒りごま…適量

作り方

1 鶏肉は食べやすい大きさに切る。

　　パスタを茹で始める

2 ボウルに A を入れて 600W のレンジで5分加熱する。

3 茹で上がったパスタ、茹で汁（大さじ1程度）、B をボウルに加えて混ぜ合わせる。

鶏肉とキャベツの和風パスタ

キャベツ以外の野菜でもアレンジできます。

材料（1人分）

パスタ…80g
鶏もも肉…80g
キャベツ（ざく切り）
　…50g
にんにく…1かけ
　┌塩昆布…小さじ1
A└醤油…小さじ1
オリーブオイル
　…大さじ1
塩、ブラックペッパー
　…各適量

作り方

1 鶏肉は食べやすい大きさに切り、塩とブラックペッパーで下味をつける。

　　パスタを茹で始める

2 フライパンにオリーブオイルと大きめに潰したにんにくを入れて弱火にかけ、香りが立ったら①を加えて炒める。色が変わったらキャベツを加えて炒め合わせる。

3 A とパスタの茹で汁（お玉 1/2 〜 1杯）を加えてなじませ、茹で上がったパスタを加えて混ぜ合わせる。

4 お皿に盛り、ブラックペッパーをトッピングする。

鶏肉としいたけの海苔クリームパスタ

海苔を溶かした和風クリームソースが絶品です。

調理時間 — 15分　難易度 — ★★★☆☆

材料（1人分）

パスタ…80g
鶏もも肉…60g
しいたけ（薄切り）…1個
焼き海苔…全形 1/2 枚分
塩昆布…大さじ 1
鰹節…ふたつまみ
生クリーム…100ml

オリーブオイル
　…大さじ 1/2

作り方

1 フライパンにオリーブオイルと食べやすい大きさに切った鶏肉を入れ、弱火で炒める。

　　パスタを茹で始める

2 鶏肉の色が変わったらしいたけを加えてサッと炒め合わせ、細かくちぎった海苔、塩昆布、鰹節、パスタの茹で汁（お玉 1 杯程度）を加える。海苔が溶けたら生クリームを加えて煮詰める。

3 茹で上がったパスタを加え、とろみがつくまで加熱しながら混ぜ合わせる。

Point　焼き海苔はパッケージに「初摘み」や「一番摘み」と書かれたものがおすすめです。

鶏肉と万願寺唐辛子の和風パスタ

梅干しで酸味をプラスし、粉山椒で味を引き締めます。

調理時間 — 15分　難易度 — ★★★☆☆

材料（1人分）

パスタ…80g
鶏もも肉…80g
万願寺唐辛子（斜め切り）
　…1本
A ┌ めんつゆ…小さじ 2
　 塩昆布…小さじ 1
　└ 梅干し…1個

オリーブオイル
　…大さじ 1/2
塩、ブラックペッパー
　…各適量
粉山椒…適量

作り方

1 鶏肉は一口大に切って塩とブラックペッパーで下味をつけ、オリーブオイルを引いたフライパンで炒める。梅干しは種を除き、ペースト状にする。

　　パスタを茹で始める

2 鶏肉に火が通ったら万願寺唐辛子を加えてサッと炒め、Aとパスタの茹で汁（お玉 1/2 〜 1 杯）を加えてなじませる。

3 茹で上がったパスタを加えて混ぜ合わせる。

4 お皿に盛り、山椒をトッピングする。

濃い旨みがあるので、いつもとはひと味違ったごちそうメニューに。

牛肉と玉ねぎのデミ風パスタ

ケチャップと中濃ソースで作る簡単デミ風ソースは
あっというまにできるのにまるで煮込んだような深い味わいです。

| 調理時間 | 10分 |
| 難易度 | ★★★☆☆ |

材料（1人分）

パスタ…80g
牛バラ薄切り肉…80g
玉ねぎ（薄切り）…1/4個
┌ ケチャップ…大さじ1
A 中濃ソース…大さじ1/2
└ 醤油…小さじ1/2
バター…10g
イタリアンパセリ（細かく刻む）
　…適量
ブラックペッパー…適量

作り方

　　パスタを茹で始める

1　フライパンにバターを熱し、玉ねぎ、食べやすい大きさに切った牛肉の順に加えて炒める。牛肉の色が変わったらフライパンの中身を端に寄せる。空いたスペースに A を入れて軽く炒め、全体を混ぜ合わせる。

2　パスタの茹で汁（お玉1/2～1杯）を加えてなじませ、茹で上がったパスタを加えて混ぜ合わせる。

3　お皿に盛り、イタリアンパセリとブラックペッパーをトッピングする。

牛肉とごぼうの甘辛パスタ

ごはんに合う甘辛味はパスタとも好相性。

調理時間 ── 10分　難易度 ── ★★☆☆

材料（1人分）

パスタ…80g
牛バラ薄切り肉…80g
ごぼう（薄切り）…1/4本
玉ねぎ（薄切り）…1/8個
赤唐辛子（輪切り）…適量

┌ 醤油、みりん
A │ …各小さじ 2
└ 砂糖…小さじ 1
オリーブオイル…大さじ 1
細ねぎ（小口切り）…適量

作り方

1　フライパンにオリーブオイルと玉ねぎを入れて弱火で炒める。

　　パスタを茹で始める

2　玉ねぎがしんなりしたら、食べやすい大きさに切った牛肉、ごぼう、唐辛子を加えて炒める。火が通ったら **A** を加えてサッと炒め合わせる。

3　パスタの茹で汁（お玉 1/2 〜 1杯）を加えてなじませ、茹で上がったパスタをフライパンに加えて混ぜ合わせる。

4　お皿に盛り、ねぎをトッピングする。

牛肉と長ねぎの和風パスタ

めんつゆでサッと味つけするだけだから簡単。

調理時間 ── 10分　難易度 ── ★★★☆

材料（1人分）

パスタ…80g
┌ 牛バラ薄切り肉…80g
│ 長ねぎ（薄切り）
A │ 　…1/4本
└ しいたけ（薄切り）…1個
めんつゆ…大さじ 1
バター…5g
オリーブオイル…大さじ 1

ブラックペッパー…適量

作り方

1　牛肉は食べやすい大きさに切る。

　　パスタを茹で始める

2　フライパンにオリーブオイルと **A** を入れて炒め、火が通ったらめんつゆを加えて炒め合わせる。

3　パスタの茹で汁（お玉 1/2 〜 1杯）を加えてなじませ、茹で上がったパスタとバターをフライパンに加えて混ぜ合わせる。

4　お皿に盛り、ブラックペッパーをトッピングする。

包丁いらずのひき肉は、手軽に使えて便利。パスタにも絡みやすくおすすめです。

豚ひき肉とキャベツの和風パスタ

肉味噌ソースを絡め、目玉焼きをトッピングして。

`調理時間` —— 15分　`難易度` —— ★★★☆☆

材料（1人分）

パスタ…80g
豚ひき肉…60g
キャベツ（ざく切り）…40g
卵…1個
にんにく（みじん切り）
　…1かけ

A ┌ 味噌…小さじ2
　└ 砂糖…小さじ1
炒りごま…適量
オリーブオイル…大さじ1
ブラックペッパー…適量

作り方

1　フライパンにオリーブオイルとにんにくを入れて弱火にかける。

　　`パスタを茹で始める`

2　にんにくの香りが立ったらひき肉を加えて炒める。色が変わったらキャベツを加えてしんなりするまで炒め合わせ、Aとパスタの茹で汁（お玉1/2〜1杯）を加えてなじませる。

3　別のフライパンで目玉焼きを作る。

4　茹で上がったパスタとごまを②に加えて混ぜ合わせる。

5　お皿に盛り、③とブラックペッパーをトッピングする。

豚ひき肉とブロッコリーのクリーミーパスタ

隠し味に鰹節を加えるのがポイントです。

`調理時間` —— 15分　`難易度` —— ★★★☆☆

材料（1人分）

パスタ…80g
豚ひき肉…60g
ブロッコリー…40g
マッシュルーム
　（みじん切り）…1個
鰹節…ふたつまみ

にんにく（みじん切り）
　…1かけ
生クリーム…100ml
オリーブオイル…大さじ1
塩、ブラックペッパー
　…各適量

作り方

1　フライパンにオリーブオイルとにんにくを入れて弱火にかける。

　　`パスタを茹で始める`

2　ブロッコリーは小房に分け、パスタと同じ鍋に加えて5分茹でる。

3　にんにくの香りが立ったら、ひき肉、マッシュルームを順に加えて炒める。茹で上がったブロッコリーを加え、崩しながら炒め合わせる。

4　パスタの茹で汁（お玉1/2〜1杯）と鰹節を加えて弱火で3分ほど煮詰め、生クリームを加えてひと煮立ちさせる。

5　茹で上がったパスタを加えて混ぜ合わせ、塩で味を調える。

6　お皿に盛り、ブラックペッパーをトッピングする。

豚ひき肉とキャベツのパスタ

セージの香りがポイント。ひき肉にしっかり下味をつけて。

調理時間 — 15分　　難易度 — ★★★☆☆

材料（1人分）

パスタ…80g
豚ひき肉…80g
キャベツ（ざく切り）…50g
にんにく（薄切り）…1かけ
赤唐辛子（輪切り）…適量

　┌ セージ…適量
A │ 塩、ブラックペッパー
　└ …各適量
オリーブオイル…大さじ1

作り方

1　ボウルにひき肉とAを入れてよく混ぜ合わせる。

2　フライパンにオリーブオイルとにんにくを入れて弱火にかけ、にんにくがきつね色になったら取り出す。

　　パスタを茹で始める

3　②のフライパンに①を広げ入れ、片面に焼き色がついたら裏返してキャベツと唐辛子を加える。両面に焼き色がついたら粗めにほぐし、②を戻し入れる。

4　パスタの茹で汁（お玉1/2〜1杯）を加えてなじませ、茹で上がったパスタを加えて混ぜ合わせる。

5　お皿に盛り、ブラックペッパー（分量外）をトッピングする。

Point　ひき肉は薄く広げてフライパンに入れ、しっかり焼き目をつけると香ばしさがアップします。

豚ひき肉のマスタードクリームパスタ

粒マスタードでいつもとひと味違ったソースに。

調理時間 — 15分　　難易度 — ★★★☆☆

材料（1人分）

パスタ…80g
豚ひき肉…80g
マッシュルーム
　（みじん切り）…1個
にんにく（みじん切り）
　…1かけ
バジル…10枚
赤唐辛子（輪切り）…適量

白ワイン…50ml
生クリーム…50ml
粒マスタード…大さじ1
粉チーズ…10g
オリーブオイル…小さじ2
塩…ひとつまみ
ブラックペッパー…適量

作り方

1　フライパンにオリーブオイルを熱し、ひき肉を広げ入れ、塩を加えて表面を焼く。

　　パスタを茹で始める

2　ひき肉は片面に焼き色がついたら裏返し、にんにくとマッシュルームを加えてほぐしながら炒め合わせる。唐辛子を加え、白ワインを回し入れてアルコール分を飛ばす。

3　粒マスタードを加えて混ぜ合わせ、生クリームとパスタの茹で汁（お玉1/2〜1杯）を加えてなじませる。

4　茹で上がったパスタ、ちぎったバジル、粉チーズを加えて混ぜ合わせる。

5　お皿に盛り、ブラックペッパーをトッピングする。

豚ひき肉とズッキーニのパスタ

生トマトを潰しながら煮てソースにします。

調理時間 — 15分 難易度 ★★★☆☆

材料（1人分）

パスタ…80g
豚ひき肉…60g
ズッキーニ（半月切り）
　…1/3本
トマト（小さい乱切り）
　…1/2個

バジル…3枚
にんにく（みじん切り）
　…1かけ
オリーブオイル…大さじ1
塩…ひとつまみ
ブラックペッパー…適量

作り方

1　フライパンにオリーブオイルとにんにくを入れて弱火にかける。香りが立ったらひき肉を加えて炒める。

　　パスタを茹で始める

2　ひき肉の色が変わったら、ズッキーニ、トマト、塩を加えて炒め合わせ、トマトを潰しながら煮詰める。途中でパスタの茹で汁（お玉1/2〜1杯）を加えてなじませる。

3　茹で上がったパスタ、ちぎったバジル、オリーブオイル適量（分量外）を加えて混ぜ合わせる。

4　お皿に盛り、ブラックペッパーをトッピングする。

豚ひき肉としめじの時短ミートソースパスタ

トマト缶を使わないお手軽ミートソースは覚えておくと便利。

調理時間 — 15分 難易度 ★★★☆☆

材料（1人分）

パスタ…80g
豚ひき肉…80g
しめじ…50g
にんにく（みじん切り）
　…1かけ
赤ワイン…大さじ1
粉チーズ…大さじ1
ナツメグ…適量

┌ケチャップ…大さじ2
A ウスターソース
└　…大さじ1
オリーブオイル…大さじ1
ブラックペッパー…適量
イタリアンパセリ
　（細かく刻む）…適量

作り方

1　フライパンにオリーブオイルとにんにくを入れて弱火にかける。

　　パスタを茹で始める

2　にんにくの香りが立ったらひき肉を加えて炒める。色が変わったらほぐしたしめじを加え、しんなりしたら赤ワインを回し入れてアルコール分を飛ばす。

3　フライパンの中身を端に寄せ、空いたスペースにAを加えて軽く炒め、全体を混ぜ合わせる。

4　パスタの茹で汁（お玉1/2〜1杯）を加えてなじませ、ブラックペッパーとナツメグを加える。茹で上がったパスタと粉チーズを加えて混ぜ合わせる。

5　お皿に盛り、イタリアンパセリとブラックペッパーをトッピングする。

豚ひき肉とかぼちゃのパスタ

セージは家にあるハーブに変えてもOKです。

調理時間 — 15分 　 難易度 — ★★★☆☆

材料（1人分）

パスタ…80g
豚ひき肉…80g
かぼちゃ…60g
にんにく（みじん切り）
　…1かけ
イタリアンパセリ
（細かく刻む）…適量
白ワイン…大さじ1

┌セージ…適量
A ブラックペッパー…適量
└塩…適量
オリーブオイル…大さじ1

作り方

1 ボウルにひき肉とAを入れてよく混ぜ合わせる。

2 フライパンにオリーブオイルとにんにくを入れて弱火にかけ、にんにくがきつね色になったら取り出す。

パスタを茹で始める

3 かぼちゃは厚さ1.5cmに切り、パスタと一緒に茹でる。

4 ②のフライパンに①を広げ入れる。両面に焼き色がついたら粗めにほぐし、②を戻し入れる。白ワインを回し入れ

てアルコール分を飛ばす。

5 パスタの茹で汁（お玉1/2〜1杯）を加えてなじませ、茹で上がったパスタとかぼちゃ、イタリアンパセリ（トッピング用に少し残す）、オリーブオイル適量（分量外）を加えて混ぜ合わせる。

6 お皿に盛り、イタリアンパセリをトッピングする。

豚ひき肉となすのミートソース風パスタ

なすを揚げ焼きにするのがポイントです。

調理時間 — 20分 　 難易度 — ★★★☆☆

材料（1人分）

パスタ…80g
豚ひき肉…80g
なす（乱切り）…1/2本
にんにく（みじん切り）
　…1かけ
トマト缶（カット）…100g
粉チーズ…大さじ1
ローリエ…1枚

赤ワイン…大さじ2
中濃ソース…大さじ1/2
ナツメグ…適量
オリーブオイル…適量
イタリアンパセリ
（細かく刻む）…適量
ブラックペッパー…適量

作り方

1 フライパンに多めのオリーブオイルを熱し、なすを揚げ焼きにして取り出す。フライパンには大さじ1程度のオイルを残す。

2 ①のフライパンににんにくとローリエを入れ弱火にかける。香りが立ったらひき肉を加え、しっかり炒めて焼き色をつける。赤ワインを回し入れ、アルコール分を飛ばしながら焦げをこそげとり、トマト缶を加えて煮詰める。

パスタを茹で始める

3 パスタが茹で上がる少し前に、フライパンに①を加え、中濃ソースとナツメグで味を調える。

4 茹で上がったパスタと粉チーズを加えて混ぜ合わせる。

5 お皿に盛り、イタリアンパセリとブラックペッパーをトッピングする。

豚ひき肉とクレソンのパスタ

オイスターソースをほんの少し入れることでコク旨に。

調理時間 — 15分　難易度 — ★★★☆☆

材料（1人分）

パスタ…80g
豚ひき肉…80g
クレソン…10g
ミニトマト（半分に切る）
　…3個
にんにく（みじん切り）
　…1かけ

オイスターソース
　…小さじ1
オリーブオイル…大さじ1
ブラックペッパー…適量

作り方

1　フライパンにオリーブオイルを入れて火にかける。

　　パスタを茹で始める

2　フライパンが温まったらひき肉を入れ、しっかり炒める。焼き色がついたら火を消し、油を端に寄せてそこににんにくを加え、余熱で温める。

3　にんにくの香りが立ったら弱火にし、ミニトマトを加えて炒める。にんにくがきつね色になったらオイスターソースを加えてサッと炒め合わせる。

4　パスタの茹で汁（お玉1/2〜1杯）を加えてなじませ、茹で上がったパスタと食べやすい長さに切ったクレソン（トッピング用に少し残す）を加えて混ぜ合わせる。

5　お皿に盛り、トッピング用のクレソンとブラックペッパーをのせる。

Point　ひき肉はしっかりと炒め、クレソンには火を通しすぎないようにするのがおいしく作るコツです。

豚ひき肉とほうれん草のクリームパスタ

定番のクリームパスタをひき肉でボリュームアップ。

調理時間 — 20分　難易度 — ★★★★☆

材料（1人分）

パスタ…80g
豚ひき肉…80g
ほうれん草…40g
しいたけ（薄切り）…1個

にんにく（みじん切り）
　…1かけ
生クリーム…50ml
オリーブオイル…大さじ1
塩、ブラックペッパー
　…各適量

作り方

1　フライパンにオリーブオイルとにんにくを入れて弱火にかける。香りが立ったらひき肉を加えて炒める。

　　パスタを茹で始める

2　ひき肉の色が変わったらしいたけを加えてさらに炒める。ひき肉に焼き色がついたら食べやすい長さに切ったほうれん草を加えてサッと炒め合わせ、火を止めて生クリームを加える。

3　茹で上がったパスタと茹で汁（お玉1/2杯程度）を加えて混ぜ合わせ、塩で味を調える。

4　お皿に盛り、ブラックペッパーをトッピングする。

Point　ひき肉は焼き色がついて表面がやや乾くくらいまでよく炒めることで、くさみが消えて香りがしっかり出ます。

鶏ひき肉とえのきのトマトパスタ

えのきはみじん切りにしてソースになじませて。

調理時間　**20分**　難易度　★★★☆☆

材料（1人分）

パスタ…80g
鶏ひき肉…80g
えのき（みじん切り）…40g
玉ねぎ（みじん切り）
　…1/8個
にんにく（みじん切り）
　…1かけ

A┌トマトペースト…大さじ1
　│ウスターソース
　└　…小さじ1
オリーブオイル…大さじ1
イタリアンパセリ
（細かく刻む）…適量
ブラックペッパー…適量

作り方

1　フライパンにオリーブオイルとにんにくを入れて弱火にかける。香りが立ったらえのきと玉ねぎを加えて炒める。

　　パスタを茹で始める

3　玉ねぎがしんなりしたらひき肉を加えてさらに炒める。全体に火が通ったら**A**を加えて炒め合わせ、パスタの茹で汁（お玉1/2～1杯）を加えてなじませる。

4　茹で上がったパスタとオリーブオイル適量（分量外）を加えて混ぜ合わせる。

5　お皿に盛り、イタリアンパセリとブラックペッパーをトッピングする。

鶏ひき肉とトマトのラグーパスタ

鶏ひき肉×生トマトで軽やかなパスタに。

調理時間　**20分**　難易度　★★★☆☆

材料（1人分）

パスタ…80g
A┌鶏ひき肉…80g
　│トマト（角切り）…1/2個
　│マッシュルーム
　└（みじん切り）…1個
玉ねぎ（みじん切り）
　…1/8個
にんにく（みじん切り）
　…1かけ

イタリアンパセリ
（細かく刻む）…適量
白ワイン…大さじ2
オリーブオイル…大さじ1
塩、ブラックペッパー
　…各適量

作り方

1　フライパンにオリーブオイルとにんにくを入れて弱火にかけ、香りが立ったら玉ねぎを加えて炒める。

　　パスタを茹で始める

2　玉ねぎがしんなりしたら**A**を加えて中火でさらに炒める。

3　具材に火が通ったら白ワインを回し入れてアルコール分を飛ばし、パスタの茹で汁（お玉1/2～1杯）を加えて煮詰める。

4　茹で上がったパスタ、イタリアンパセリ（トッピング用に少し残す）、オリーブオイル適量（分量外）を加えて混ぜ合わせ、塩で味を調える。

5　お皿に盛り、イタリアンパセリとブラックペッパーをトッピングする。

鶏ひき肉とブロッコリーの旨辛パスタ

ブロッコリーは崩してパスタによく絡ませます。

調理時間 — 10分
難易度 — ★★★☆☆

材料（1人分）

パスタ…80g
鶏ひき肉…80g
ブロッコリー…40g
にんにく（みじん切り）
　…1かけ
┌豆板醤…小さじ 1/2
A オイスターソース
└　…小さじ 1
オリーブオイル
　…大さじ 1
塩…ひとつまみ
ブラックペッパー…適量

作り方

パスタを茹で始める

1　ブロッコリーは小房に分け、パスタと同じ鍋に加えて5分茹でる。

2　フライパンにオリーブオイルとにんにくを入れて弱火にかける。香りが立ったらひき肉と塩を加え、ほぐしながら炒める。ひき肉の色が変わったら①とAを加え、ブロッコリーを崩しながら炒め合わせる。

3　パスタの茹で汁（お玉 1/2 〜 1杯）を加えてなじませ、茹で上がったパスタ、オリーブオイル適量（分量外）を加えて混ぜ合わせる。

4　お皿に盛り、ブラックペッパーをトッピングする。

鶏ひき肉としめじのクリームパスタ

キムチ×オイスターソース×クリームのやみつき味。

調理時間 — 15分
難易度 — ★★★☆☆

材料（1人分）

パスタ…80g
鶏ひき肉…60g
しめじ…30g
キムチ…20g
生クリーム…100ml
オイスターソース
　…小さじ 1
粉チーズ…大さじ 1
オリーブオイル
　…大さじ 1
細ねぎ（小口切り）
　…適量

作り方

1　フライパンにオリーブオイルとひき肉を入れ、ほぐしながら弱火で炒める。

パスタを茹で始める

2　ひき肉の色が変わったらほぐしたしめじとキムチを加えてさらに炒める。全体に火が通ったらオイスターソースを加えて炒め合わせ、生クリームとパスタの茹で汁（お玉 1/2 〜 1杯）を加えて煮詰める。

3　茹で上がったパスタと粉チーズを加え、とろみがつくまで加熱しながら混ぜ合わせる。

4　お皿に盛り、ねぎをトッピングする。

鶏ひき肉と高菜の卵とじパスタ

仕上げに溶き卵を絡めてマイルドに。

調理時間 — 15分
難易度 — ★★★☆☆

材料（1人分）

パスタ…80g
鶏ひき肉…60g
高菜漬け…10g
卵…1個
玉ねぎ（みじん切り）
　…1/8個
にんにく（みじん切り）
　…1かけ
鰹節…適量
白だし…大さじ 1/2
オリーブオイル…大さじ 1
細ねぎ（小口切り）…適量

作り方

1　フライパンにオリーブオイルとにんにく、玉ねぎを入れて弱火にかける。

パスタを茹で始める

2　玉ねぎがしんなりしたら、ひき肉を加えてほぐしながら中火で炒める。ひき肉の色が変わったら高菜漬けを加えて弱火で2分ほど炒め、白だしを加える。

3　パスタの茹で汁（お玉 1杯程度）を加えてなじませ、茹で上がったパスタと鰹節を加えて混ぜ合わせる。火を止め、溶いた卵を加えてとろみがつくまで全体を混ぜる。

4　お皿に盛り、ねぎをトッピングする。

牛ひき肉のミートソースパスタ

あえて野菜を加えない濃厚なミートソース。
市販のオニオンスープを使うのがコツです。

調理時間 —— 80分
難易度 —— ★★★☆☆

材料（1人分）

パスタ…80g
【ミートソース】※
牛ひき肉…200g
オリーブオイル…大さじ1
A ┌ にんにく（みじん切り）…1かけ
　└ ローリエ…1枚
B ┌ トマト缶（ホール）…1缶
　│ トマトペースト…大さじ1
　└ オニオンスープ…150ml
赤ワイン…50ml
塩、ナツメグ…各適量

作り方

1　フライパンにオリーブオイルと **A** を入れて弱火にかける。にんにくがきつね色になったらローリエとともに取り出す。

2　①のフライパンを強火で熱し、ひき肉を広げ入れ、さらに塩ひとつまみを入れてあまり触らず焼く。ひき肉の両面に焼き色がついたら赤ワインを回し入れ、アルコール分を飛ばしながら、ヘラなどでフライパンの焦げをこそげとる。

3　①と **B** を加えて弱火でじっくり煮詰める。水分が飛んだら塩で味を調え、ナツメグを加える。

> パスタを茹で始める

4　茹で上がったパスタをお皿に盛り、オリーブオイル適量（分量外）を回しかけて、③を適量かける。

※ソースは3人分。冷蔵で3日、冷凍で2〜3週間保存可能。

ひき肉のナポリタン

野菜をみじん切りにすることでまとまりが出ます。

調理時間 — 15分　難易度 — ★★★☆☆

材料（1人分）

パスタ…80g
合いびき肉…80g
┌ 玉ねぎ（みじん切り）
│ 　…1/8個
A にんじん（みじん切り）
└ 　…1/4本
┌ ミニトマト（角切り）…3個
B ピーマン（みじん切り）
└ 　…1個

にんにく（みじん切り）
　…1かけ
白ワイン…大さじ1
ケチャップ…大さじ3
粉チーズ…大さじ1
オリーブオイル…大さじ1
ブラックペッパー…適量

作り方

1　フライパンにオリーブオイルとにんにくを入れ弱火にかける。

　　パスタを茹で始める
　　（袋の表示時間 +1分）

2　にんにくの香りが立ったら **A** を加えて炒め、玉ねぎが透き通ったらひき肉を加えて炒める。色が変わったら **B** を加えて炒め合わせ、白ワインを回し入れてアルコール分を飛ばす。

3　フライパンの中身を端に寄せ、空いた部分でケチャップを軽く炒め、全体を混ぜ合わせる。パスタの茹で汁（お玉1/2〜1杯）とブラックペッパーを加えてなじませる。

4　フライパンの火を止め、茹で上がったパスタ、粉チーズを加えて全体を混ぜ合わせる。

ひき肉ときのこのクリームパスタ

ひき肉ときのこの旨みで濃厚なクリームソースに。

調理時間 — 15分　難易度 — ★★★☆☆

材料（1人分）

パスタ…80g
合いびき肉…80g
好みのきのこ…50g
にんにく（みじん切り）
　…1かけ
赤唐辛子…1本
生クリーム…100ml

白ワイン…大さじ1
粉チーズ…大さじ1
オリーブオイル…大さじ1
塩…ひとつまみ
ブラックペッパー…適量
イタリアンパセリ
（細かく刻む）…適量

作り方

1　フライパンにオリーブオイルとにんにくを入れて弱火にかける。

　　パスタを茹で始める

2　にんにくの香りが立ったらきのこを加えて弱火で3分ほど炒める。ひき肉、唐辛子、塩を加えてさらに炒める。

3　ひき肉の色が変わったら白ワインを回し入れてアルコール分を飛ばし、生クリームを加えて軽く煮詰める。

4　パスタの茹で汁（お玉1/2〜1杯）を加えてなじませ、茹で上がったパスタ、粉チーズを加えて混ぜ合わせる。

5　お皿に盛り、イタリアンパセリとブラックペッパーをトッピングする。

Point ── きのこは数種類を混ぜて使うと、よりおいしくなります。

ラグービアンコ

トマトを使わないオイルソース仕立てのラグーパスタです。

調理時間 ── 15分　　難易度 ── ★★★☆☆

材料（1人分）

パスタ…80g
合いびき肉…80g
玉ねぎ（みじん切り）
　…1/8個
にんにく（みじん切り）
　…1かけ

イタリアンパセリ
（細かく刻む）…適量
白ワイン…大さじ1
オリーブオイル…大さじ1
塩…ひとつまみ
ブラックペッパー…適量

作り方

1　フライパンにオリーブオイルとにんにくを入れて弱火にかける。

　　パスタを茹で始める

2　にんにくの香りが立ったら、玉ねぎと塩を入れて透き通るまで炒める。ひき肉を加えてさらに炒め、色が変わったら白ワインを回し入れてアルコール分を飛ばす。

3　パスタの茹で汁（お玉1/2～1杯）とイタリアンパセリ（トッピング用に少し残す）を加えてなじませ、煮詰める。

4　茹で上がったパスタとオリーブオイル適量（分量外）を加えて混ぜ合わせる。

5　お皿に盛り、イタリアンパセリとブラックペッパーをトッピングする。

和風時短ミートソースパスタ

煮込まず作れるので時間がないときにもおすすめ。

調理時間 ── 15分　　難易度 ── ★★★☆☆

材料（1人分）

パスタ…80g
合いびき肉…80g
玉ねぎ（みじん切り）
　…1/4個
にんにく（みじん切り）
　…1かけ
赤ワイン…大さじ2

ケチャップ…大さじ2
味噌…小さじ1
粉チーズ…適量
オリーブオイル…大さじ1
細ねぎ（小口切り）…適量
ブラックペッパー…適量

作り方

1　フライパンにオリーブオイルとにんにくを入れて弱火にかける。

　　パスタを茹で始める

2　にんにくの香りが立ったら玉ねぎを加えてしんなりするまで中火で炒め、取り出す。

3　②のフライパンにひき肉を広げ入れる。片面に焼き色がついたら裏返して軽くほぐし、②を戻し入れる。赤ワインを回し入れてアルコール分を飛ばす。

4　フライパンの中身を端に寄せ、空いたスペースでケチャップと味噌を炒め、全体を混ぜ合わせる。

5　パスタの茹で汁（お玉1/2～1杯）を加えてなじませ、茹で上がったパスタと粉チーズを加えて混ぜ合わせる。

6　お皿に盛り、ねぎとブラックペッパーをトッピングする。

ひき肉としししとうの甘辛パスタ

最後に山椒を振ることで風味アップ。

調理時間　10分
難易度　★★★☆☆

材料（1人分）

パスタ…80g
合いびき肉…80g
ししとう（輪切り）…4本
にんにく（みじん切り）…1かけ
A┌醤油、みりん…各小さじ 2
　└砂糖…小さじ 1
オリーブオイル…大さじ 1
粉山椒…適量

作り方

1　フライパンにオリーブオイルとにんにくを入れて弱火にかける。

　　パスタを茹で始める

2　にんにくの香りが立ったらひき肉を加えて炒め、色が変わったらししとうを加えてサッと炒める。

3　Aとパスタの茹で汁（お玉 1/2 〜 1 杯）を加えてなじませ、茹で上がったパスタを加えて混ぜ合わせる。

4　お皿に盛り、山椒をトッピングする。

ひき肉ときのこの和風パスタ

子どもから大人まで食べられる人気の味です。

調理時間　10分
難易度　★★★☆☆

材料（1人分）

パスタ…80g
合いびき肉…80g
好みのきのこ…80g
にんにく（みじん切り）
　…1かけ
だし醤油…小さじ 2
バター…5g
オリーブオイル…大さじ 1
ブラックペッパー
　…適量
細ねぎ（小口切り）…適量

作り方

1　フライパンにオリーブオイルとにんにくを入れて弱火にかける。

　　パスタを茹で始める

2　にんにくの香りが立ったらひき肉を加えて炒める。色が変わったらきのこを加えてさらに炒め、しんなりしたらだし醤油を回し入れて炒め合わせる。

3　茹で上がったパスタと茹で汁（お玉 1/2 杯程度）、バター、ブラックペッパーを加えて混ぜ合わせる。

4　お皿に盛り、ねぎをトッピングする。

モッツァレラのミートソースパスタ

基本のミートソースにモッツァレラチーズをプラス。

調理時間　10分
難易度　★★★☆☆

材料（1人分）

パスタ…80g
モッツァレラチーズ…50g
ミートソース（P26参照）
　…120g
オリーブオイル…適量
ブラックペッパー…適量

作り方

　　パスタを茹で始める

1　フライパンにミートソースとパスタの茹で汁（お玉 1/2 杯程度）を加えてなじませ、茹で上がったパスタ、ちぎったモッツァレラチーズ、オリーブオイルを加えて混ぜ合わせる。

2　お皿に盛り、ブラックペッパーをトッピングする。

ひき肉とかぼちゃとの和風パスタ

ほんのり甘いかぼちゃとひき肉のコンビはどこか懐かしい味。

調理時間	15分
難易度	★★☆☆☆

材料（1人分）

パスタ…80g
合いびき肉…80g
かぼちゃ…80g
┌ 醤油、みりん
A │ …各大さじ 1
└ 砂糖…大さじ 1/2
オリーブオイル…小さじ 2
ブラックペッパー…適量

作り方

1 かぼちゃは食べやすい大きさに切り、600W のレンジで 2 分加熱する。

　パスタを茹で始める

2 フライパンにオリーブオイルとひき肉を入れて炒め、色が変わったら①を加えて炒め合わせる。Aとパスタの茹で汁（お玉 1/2 〜 1 杯）を加えてなじませ、茹で上がったパスタを加えて混ぜ合わせる。

3 お皿に盛り、ブラックペッパーをトッピングする。

ひき肉となすの和風パスタ

トッピングのみょうががアクセントになります。

調理時間	10分
難易度	★★☆☆☆

材料（1人分）

パスタ…80g
合いびき肉…80g
なす（角切り）…1本
にんにく（みじん切り）
　…1かけ
醤油…小さじ 2
バター…10g
みょうが（せん切り）
　…適量
ブラックペッパー…適量

作り方

1 フライパンにバターとにんにくを入れて弱火にかける。

　パスタを茹で始める

2 にんにくの香りが立ったらひき肉を加えて炒める。色が変わったらなすを加えてさらに炒め、醤油を回し入れて炒め合わせる。

3 パスタの茹で汁（お玉 1/2 〜 1 杯）を加えてなじませ、茹で上がったパスタを加えて混ぜ合わせる。

4 お皿に盛り、みょうがとブラックペッパーをトッピングする。

きのこのミートソースパスタ

きのことハーブを加えることでリッチに進化。

調理時間	10分
難易度	★★★☆☆

材料（1人分）

パスタ…80g
┌ まいたけ（みじん切り）…20g
│ しいたけ（みじん切り）…1個
A │ マッシュルーム（みじん切り）
└ 　…1個
ミートソース（P26 参照）…100g
ローズマリー…適量
オリーブオイル…大さじ 1
塩…ひとつまみ
ブラックペッパー…適量

作り方

　パスタを茹で始める

1 フライパンにオリーブオイル、ローズマリー、A、塩を入れて弱火で炒める。きのこがしんなりしたらミートソースを加えて混ぜ合わせる。

2 茹で上がったパスタをお皿に盛り、①をかけてブラックペッパーをトッピングする。

ブラータチーズのボロネーゼ

ドーンとのせたブラータチーズをナイフで切って
ソースやパスタと絡めながらいただくごちそうパスタ。

| 調理時間 | 90分 |
| 難易度 | ★★★☆☆ |

材料（1人分）

パスタ…80g
ブラータチーズ…1個
乾燥パセリ…適量
【ボロネーゼソース】※
合いびき肉…200g
にんにく（みじん切り）…1かけ
┌ にんじん（みじん切り）
│ 　…1/4本
A セロリ（みじん切り）…1/2本
│ 玉ねぎ（みじん切り）…1/4個
└ ローリエ…1枚

オリーブオイル…大さじ2
赤ワイン…50ml
┌ トマトペースト…大さじ1
B 水…300ml
└ コンソメ…1個（5g）
ナツメグ…小さじ1
塩…適量

※ソースは3〜4人分。冷蔵で3
日、冷凍で2〜3週間保存可能。

Point トマト缶を加えて作るミートソースはトマト感や甘みが強いのに
対し、ボロネーゼはシンプルで肉感の強いソースになります。

作り方

1　フライパンにオリーブオイルとにんにくを入れて弱火に
　かける。香りが立ったら **A** を加えて20分ほど炒め、取り
　出す。

2　①のフライパンにひき肉を広げ入れて強火にする。表面
　に焼き色がついたら①を戻し入れ、ひき肉をほぐす。赤ワ
　インを回し入れてアルコール分を飛ばし、**B** を加えて水
　分が飛ぶまで弱火で煮詰める。

　　　パスタを茹で始める

3　②にナツメグを加えて味を調え、適量を残して保存
　用に取り分ける。フライパンに茹で上がったパスタと茹
　で汁（お玉1/2〜1杯）を加えて混ぜ合わせる。

4　お皿に盛り、ブラータチーズをのせてブラックペッパー、
　パセリをトッピングし、オリーブオイル適量（分量外）を
　かける。

夏野菜とひき肉のオイルパスタ

みょうがをたっぷりと加えることでさっぱり風味に。

調理時間 — 15分　　難易度 — ★★★☆☆

材料（1人分）

パスタ…80g
合いびき肉…60g
┌ ピーマン（細切り）…1個
A ミニトマト（半分に切る）
└ …5個
みょうが（薄切り）…1個

にんにく（みじん切り）
　…1かけ
醤油…小さじ1
オリーブオイル…大さじ1
塩、ブラックペッパー
　…各適量

作り方

1 フライパンにオリーブオイルとにんにくを入れて弱火にかける。香りが立ったらひき肉を加え、塩とブラックペッパーを軽く振って炒める。

　パスタを茹で始める

2 ひき肉の色が変わったら **A** を加えて炒める。ピーマンがしんなりしたら醤油を加えてサッと混ぜ、パスタの茹で汁（お玉 1/2 〜 1 杯）を加えてなじませる。

3 茹で上がったパスタ、みょうがが、オリーブオイル適量（分量外）を加えて混ぜ合わせる。

4 お皿に盛り、ブラックペッパーをトッピングする。

新玉ねぎとたけのこのミートソースパスタ

玉ねぎの甘み、たけのこの食感を楽しめます。

調理時間 — 15分　　難易度 — ★★★☆☆

材料（1人分）

パスタ…80g
合いびき肉…60g
新玉ねぎ（みじん切り）
　…1/8 個
たけのこ
　（水煮／粗みじん切り）
　…40g
にんにく（みじん切り）
　…1かけ

赤ワイン…大さじ2
┌ ケチャップ…大さじ2
A
└ ウスターソース…大さじ1
ナツメグ…適量
粉チーズ…適量
オリーブオイル…大さじ1
塩、ブラックペッパー…適量
イタリアンパセリ
　（細かく刻む）…適量

作り方

1 フライパンにオリーブオイルとにんにくを入れて弱火にかける。香りが立ったら玉ねぎとたけのこを加えて炒め、玉ねぎがしんなりしたら取り出す。

　パスタを茹で始める

2 ①のフライパンを中火で熱してひき肉を広げ入れ、塩とブラックペッパーを軽く振って表面を焼く。片面に焼き色がついたら裏返してほぐし、①を戻し入れる。赤ワインを回

し入れてアルコール分を飛ばす。

3 フライパンの中身を端に寄せ、空いたスペースで **A** を炒め、全体を混ぜ合わせる。パスタの茹で汁（お玉 1/2 〜 1 杯）とナツメグを加えてなじませる。

4 茹で上がったパスタと粉チーズを加えて混ぜ合わせる。

5 お皿に盛り、イタリアンパセリをトッピングする。

厚切りタイプを使うと食べ応えが出てごちそう感も増します。

ベーコンとエリンギのバター醤油パスタ

エリンギの食感が楽しい和風パスタ。

調理時間	10分
難易度	★★☆☆☆

材料（1人分）

パスタ…80g
ベーコン（短冊切り）
　…30g
エリンギ…30g
大葉（みじん切り）…3枚
醤油…大さじ 1/2
バター…5g
オリーブオイル…大さじ 1

作り方

1　エリンギは長さを半分にして薄切りにする。

　パスタを茹で始める

2　フライパンにオリーブオイルとベーコンを入れて焼き、片面が焼けたら①を加えて炒め合わせる。醤油、パスタの茹で汁（お玉 1/2 ～ 1杯）を加えてなじませる。

3　茹で上がったパスタ、大葉、バターを加えて混ぜ合わせる。

ベーコンエッグパスタ

半熟の目玉焼きをパスタに絡めて。

調理時間	10分
難易度	★★★☆☆

材料（1人分）

パスタ…80g
ベーコン…2枚
卵…1個
にんにく（みじん切り）
　…1かけ
赤唐辛子（輪切り）
　…適量
オリーブオイル…大さじ 1
イタリアンパセリ
（細かく刻む）…適量
ブラックペッパー…適量

作り方

　パスタを茹で始める

1　フライパンにオリーブオイルとにんにく、唐辛子を入れて弱火にかける。

2　別のフライパンでベーコンを焼き、その上に卵を割り入れてベーコンエッグを作る。

3　茹で上がったパスタと茹で汁（お玉 1/2 ～ 1杯）を①のフライパンに入れて混ぜ合わせる。

4　③をお皿に盛り、②、イタリアンパセリ、ブラックペッパー、お好みでパプリカパウダーをトッピングする。

ベーコンとカマンベールのトマトパスタ

カマンベールチーズがとろけて濃厚なソースに。

調理時間	15分
難易度	★★★☆☆

材料（1人分）

パスタ…80g
A ┌ ベーコン（短冊切り）
　│　…30g
　└ 玉ねぎ（みじん切り）
　　　…1/8 個
にんにく（みじん切り）
　…1かけ
カマンベールチーズ…30g
バジル…3枚
トマト缶（カット）…100g
オリーブオイル…大さじ 1
砂糖…ひとつまみ
ブラックペッパー…適量

作り方

1　フライパンにオリーブオイルとにんにくを入れて弱火にかける。香りが立ったら A を加えて炒める。

　パスタを茹で始める

2　①に火が通ったらトマト缶、砂糖、ちぎったバジル、パスタの茹で汁（お玉 1杯程度）を加えて煮詰める。

3　茹で上がったパスタ、小さく切ったカマンベールチーズ、オリーブオイル適量（分量外）を加え混ぜ合わせる。

4　お皿に盛り、ブラックペッパーをトッピングする。

ベーコンと玉ねぎの和風パスタ

めんつゆ×バターでほんのり甘みのある味つけに。

調理時間 —— 15分
難易度 —— ★★★☆☆

材料（1人分）

パスタ…80g
ベーコン（短冊切り）…40g
玉ねぎ（薄切り）…1/4個
にんにく…1かけ
めんつゆ…大さじ1
バター…5g
オリーブオイル…大さじ1
ブラックペッパー…適量

作り方

1 フライパンにオリーブオイルと大きめに潰したにんにくを入れて弱火にかける。香りが立ったらベーコンと玉ねぎを加えて5分ほど炒める。

　パスタを茹で始める

2 フライパンにめんつゆとパスタの茹で汁（お玉1/2〜1杯）を加えてなじませ、茹で上がったパスタとバターを加えて混ぜ合わせる。

3 お皿に盛り、ブラックペッパーをトッピングする。

ベーコンと三つ葉のオイルパスタ

シンプルパスタに三つ葉を生のままたっぷりトッピング。

調理時間 —— 10分
難易度 —— ★★★☆☆

材料（1人分）

パスタ…80g
ベーコン（短冊切り）…30g
三つ葉…適量
にんにく（薄切り）…1かけ
赤唐辛子…1本
オリーブオイル…大さじ1

作り方

　パスタを茹で始める

1 フライパンにオリーブオイルとにんにくを入れて弱火にかけ、きつね色になったら取り出す。

2 ①のフライパンにベーコンと唐辛子を入れベーコンに焼き色がつくまで炒める。パスタの茹で汁（お玉1/2〜1杯）を加えてなじませ、茹で上がったパスタとオリーブオイル適量（分量外）を加えて混ぜ合わせる。

3 お皿に盛り、①と食べやすい長さに切った三つ葉をトッピングする。

ベーコンとごぼうの和風パスタ

歯応えのあるごぼうを使って満足感アップ！

調理時間 —— 10分
難易度 —— ★★★☆☆

材料（1人分）

パスタ…80g
┌ ベーコン（短冊切り）…30g
A │ ごぼう（薄切り）…1/8本
└ まいたけ…40g
めんつゆ…大さじ1
バター…5g
オリーブオイル…大さじ1
細ねぎ（小口切り）…適量
鰹節…適量

作り方

　パスタを茹で始める

1 フライパンにオリーブオイルと **A** を入れて5分ほど炒め、めんつゆを回し入れて炒め合わせる。

2 パスタの茹で汁（お玉1/2〜1杯）を加えてなじませ、茹で上がったパスタ、バターを加えて混ぜ合わせる。

3 お皿に盛り、ねぎと鰹節をトッピングする。

厚切りベーコンのペペロンチーノ

分厚いベーコンをのせて映え&ボリュームアップ！

調理時間 — 15分　難易度 ★★★☆☆

材料（1人分）

パスタ…80g
ベーコン（厚切り）
　…100g
にんにく（みじん切り）
　…1かけ

イタリアンパセリ
（細かく刻む）…適量
赤唐辛子（輪切り）…適量
オリーブオイル…小さじ1

作り方

1　フライパンにオリーブオイルとベーコンを入れて焼き、両面に焼き色がついたら取り出す。

　　パスタを茹で始める

2　①のフライパンににんにくを入れ弱火にかけ、にんにくの色が変わってきたら唐辛子を加える。

3　にんにくがきつね色になったらパスタの茹で汁（お玉1/2～1杯）を加えてなじませ、茹で上がったパスタ、イタリアンパセリ（トッピング用に少し残す）、オリーブオイル適量（分量外）を加えて混ぜ合わせる。

4　お皿に盛り、①とイタリアンパセリをトッピングする。

ベーコンと納豆のクリームパスタ

納豆のクセを生クリームが包み込む絶品アレンジ。

調理時間 — 15分　難易度 ★★★☆☆

材料（1人分）

パスタ…80g
ベーコン（短冊切り）…30g
┌ 納豆…1パック
A 納豆のタレ…1袋
└ しいたけ（薄切り）…1個
生クリーム…100ml
バター…10g

オリーブオイル…小さじ1
細ねぎ（小口切り）、
　刻み海苔…各適量

作り方

1　フライパンにバターとオリーブオイルを熱し、ベーコンを弱火で炒める。

　　パスタを茹で始める

2　ベーコンに焼き色がついたら **A** を加えて炒め、生クリーム、パスタの茹で汁（お玉1杯程度）を加えて煮詰める。

3　茹で上がったパスタを加え、とろみがつくまで加熱しながら混ぜ合わせる。

4　お皿に盛り、ねぎと海苔をトッピングする。

ベーコンとツナのトマトパスタ

ベーコン×ツナで旨みたっぷり！

調理時間 ── 15分   難易度 ── ★★★☆☆

材料（1人分）

パスタ…80g
ベーコン（短冊切り）…20g
ツナ缶…1/2缶
ミニトマト（4等分に切る）
　…2個
玉ねぎ（みじん切り）
　…1/8個
バジル…3枚

にんにく（みじん切り）
　…1かけ
トマトペースト…大さじ1
粉チーズ…大さじ1
オリーブオイル…大さじ1
ブラックペッパー…適量

作り方

1　フライパンにオリーブオイルとにんにくを入れて弱火にかける。

　　パスタを茹で始める

2　にんにくの香りが立ったら玉ねぎを加えて透き通るまで炒める。ベーコンとミニトマトを加えてさらに炒め、全体に火が通ったらツナ缶を加えて炒め合わせる。

3　トマトペーストを加えて混ぜ合わせ、パスタの茹で汁（お玉1杯程度）を加えてなじませる。

4　茹で上がったパスタ、ちぎったバジル、粉チーズ、オリーブオイル適量（分量外）を加えて混ぜ合わせる。

5　お皿に盛り、ブラックペッパーをトッピングする。

ベーコンとケッパーのチーズトマトパスタ

とろりとろけるモッツァレラで贅沢な気分に。

調理時間 ── 15分   難易度 ── ★★★☆☆

材料（1人分）

パスタ…80g
┌ベーコン（短冊切り）
│　…30g
A 玉ねぎ（みじん切り）
│　…1/8個
└ケッパー…小さじ1
モッツァレラチーズ…30g
トマトペースト…大さじ1
にんにく（みじん切り）
　…1かけ

イタリアンパセリ
（細かく刻む）…適量
砂糖…ひとつまみ
オリーブオイル…大さじ1
ブラックペッパー…適量

作り方

1　フライパンにオリーブオイルとにんにくを入れて弱火にかける。

　　パスタを茹で始める

2　にんにくの香りが立ったらAを加えて炒め、火が通ったらトマトペーストと砂糖を加えて炒め合わせる。パスタの茹で汁（お玉1杯程度）を加えて煮詰める。

3　茹で上がったパスタ、ちぎったモッツァレラチーズ、イタリアンパセリ（トッピング用に少し残す）、オリーブオイル適量（分量外）を加えて混ぜ合わせる。

4　お皿に盛り、イタリアンパセリとブラックペッパーをトッピングする。

あると便利なデイリー食材。どんなソースとも野菜ともマッチします。

ソーセージとしいたけのバター醤油パスタ

サラダほうれん草を加えてフレッシュ＆彩り鮮やかに。

調理時間 — **10分**　難易度 — ★★★☆☆

材料（1人分）

パスタ…80g
┌ ソーセージ（斜め切り）
A 　…2本
└ しいたけ（薄切り）…1個
玉ねぎ（薄切り）…1/8個
サラダほうれん草…10g

醤油…小さじ2
バター…10g
オリーブオイル…大さじ1
鰹節…適量

作り方

1　フライパンにオリーブオイルと玉ねぎを入れて弱火で炒める。

　　パスタを茹で始める

2　玉ねぎがしんなりしたら **A** を加えて炒め、全体に火が通ったら醤油を加えてサッと炒め合わせる。

3　パスタの茹で汁（お玉1/2〜1杯）を加えて全体をなじませ、茹で上がったパスタ、食べやすい長さに切ったほうれん草、バターを加えて混ぜ合わせる。

4　お皿に盛り、鰹節をトッピングする。

ソーセージとキャベツの和風パスタ

残り物でササッと作れる一皿です。

調理時間 — **10分**　難易度 — ★★★☆☆

材料（1人分）

パスタ…80g
ソーセージ（斜め切り）
　…2本
キャベツ（ざく切り）…30g
玉ねぎ（薄切り）…1/8個

めんつゆ…小さじ2
バター…5g
オリーブオイル…大さじ1
ブラックペッパー…適量

作り方

1　フライパンにオリーブオイルと玉ねぎを入れて弱火で炒める。

　　パスタを茹で始める

2　玉ねぎがしんなりしたらソーセージを加えて炒める。

3　キャベツはパスタが茹で上がる3分前に同じ鍋に加えて一緒に茹でる。

4　ソーセージに火が通ったらめんつゆを加えて炒め合わせる。パスタの茹で汁（お玉1/2〜1杯）を加えてなじませ、茹で上がったパスタ、キャベツ、バターを加えて混ぜ合わせる。

5　お皿に盛り、ブラックペッパーをトッピングする。

ソーセージときのこの和風トマトパスタ

味噌を加えることでほんの少し和風になります。

調理時間 — 15分　難易度 — ★★★☆☆

材料（1人分）

パスタ…80g
┌ ソーセージ（斜め切り）
│ 　…2本
│ ミニトマト
A ┤ （4等分に切る）…2個
│ まいたけ…30g
└ しいたけ（薄切り）…1個
玉ねぎ（みじん切り）
　…1/8個
大葉（みじん切り）…5枚

┌ トマトペースト
B ┤ 　…大さじ1
└ 味噌…小さじ1/2
バター…5g
オリーブオイル…大さじ1

作り方

1　フライパンにオリーブオイルと玉ねぎを入れて弱火で炒める。

　　パスタを茹で始める

2　玉ねぎがしんなりしたら A を加えて中火で炒め、全体に火が通ったら弱火にして B を加えて炒め合わせる。パスタの茹で汁（お玉1杯程度）を加えて煮詰める。

3　茹で上がったパスタ、大葉（トッピング用に少し残す）、バターを加えて混ぜ合わせる。

4　お皿に盛り、トッピング用の大葉をのせる。

ソーセージとかぶのオイルパスタ

かぶの葉と茎も捨てずに活用してみて！

調理時間 — 15分　難易度 — ★★★☆☆

材料（1人分）

パスタ…80g
ソーセージ（斜め切り）
　…2本
かぶ（くし形切り）…1個
かぶの葉と茎（細かく刻む）
　…10g

にんにく（薄切り）…1かけ
赤唐辛子（輪切り）…適量
イタリアンパセリ
（細かく刻む）…適量
オリーブオイル…大さじ1

作り方

1　フライパンにオリーブオイルとにんにくを入れて弱火にかけ、にんにくがきつね色になったら取り出す。

　　パスタを茹で始める

2　①のフライパンにソーセージとかぶを入れて焼き色がつくまで炒める。かぶの葉と茎、唐辛子を加えてサッと炒め、パスタの茹で汁（お玉1/2〜1杯）を加えてなじませる。

3　茹で上がったパスタ、①、イタリアンパセリ、オリーブオイル適量（分量外）を加えて混ぜ合わせる。

ソーセージとルッコラのトマトパスタ

ルッコラはハーブ感覚で最後にトッピングして。

調理時間 — 15分
難易度 — ★★★☆☆

材料（1人分）

パスタ…80g
ソーセージ（斜め切り）
　…3本
トマト缶（カット）…150g
にんにく…1かけ
粉チーズ…適量
オリーブオイル…大さじ1
ルッコラ…適量

作り方

1　フライパンにオリーブオイルと大きめに潰したにんにくを入れて弱火にかける。

　　パスタを茹で始める

2　にんにくの香りが立ったらソーセージを加えて炒め、トマト缶を加えて煮詰める。途中でパスタの茹で汁（お玉1/2～1杯）を加える。

3　茹で上がったパスタと粉チーズを加えて混ぜ合わせる。

4　お皿に盛り、ルッコラをトッピングする。

ソーセージとパプリカのパスタ

忙しいお昼にもパパッと作れる彩りパスタ。

調理時間 — 10分
難易度 — ★★☆☆☆

材料（1人分）

パスタ…80g
ソーセージ（斜め切り）…2本
パプリカ（細切り）…1/4個
オリーブオイル…大さじ1
ブラックペッパー…適量
乾燥パセリ…適量

作り方

　　パスタを茹で始める

1　フライパンにオリーブオイルとソーセージを入れて炒め、パプリカを加えてさらに炒める。

2　パスタの茹で汁（お玉1/2～1杯）とブラックペッパーを加えてなじませ、茹で上がったパスタを加えて混ぜ合わせる。

3　お皿に盛り、パセリをトッピングする。

ソーセージと小松菜の和風パスタ

小松菜は葉と茎に分けて時間差で加えます。

調理時間 — 10分
難易度 — ★★★☆☆

材料（1人分）

パスタ…80g
ソーセージ（斜め切り）
　…1本
小松菜…40g
しいたけ（薄切り）
　…1個
だし醤油…小さじ2
バター…5g
オリーブオイル
　…大さじ1
ブラックペッパー
　…適量

作り方

1　小松菜は食べやすい長さに切って葉と茎に分ける。

　　パスタを茹で始める

2　フライパンにオリーブオイルとソーセージを入れて炒め、火が通ったら小松菜の茎としいたけを加えて炒め合わせる。だし醤油とパスタの茹で汁（お玉1/2～1杯）を加えてなじませる。

3　茹で上がったパスタ、小松菜の葉、バターを加えて混ぜ合わせる。

4　お皿に盛り、ブラックペッパーをトッピングする。

旨みと塩気の強いコンビーフは、少し混ぜるだけでパスタをおいしくしてくれます。

コンビーフとキャベツのオイルパスタ

コンビーフと相性のよいキャベツを使ってシンプルに。

調理時間 — 10分　難易度 — ★★☆☆☆

材料（1人分）

パスタ…80g
コンビーフ缶…1/4缶
キャベツ（ざく切り）…30g
にんにく（みじん切り）
　…1かけ
赤唐辛子（輪切り）…適量

白ワイン…大さじ2
オリーブオイル…大さじ1
ブラックペッパー…適量

作り方

パスタを茹で始める

1　フライパンにオリーブオイル、にんにく、唐辛子入れて弱火にかける。香りが立ったらコンビーフを加えて軽く炒め、白ワインを回し入れてアルコール分を飛ばす。

2　キャベツはパスタが茹で上がる3分前に同じ鍋に加えて一緒に茹でる。

3　茹で上がったパスタとキャベツ、茹で汁（お玉1/2杯程度）を加えて混ぜ合わせる。

4　お皿に盛り、ブラックペッパーをトッピングする。

コンビーフと玉ねぎのオイルパスタ

コンビーフは最後にパスタにトッピングします。

調理時間 — 10分　難易度 — ★★☆☆☆

材料（1人分）

パスタ…80g
コンビーフ缶…1/4缶
卵黄…1個
玉ねぎ（みじん切り）
　…1/8個
にんにく（みじん切り）
　…1かけ

赤唐辛子（輪切り）…適量
白ワイン…大さじ1
オリーブオイル…大さじ1

作り方

パスタを茹で始める

1　フライパンにオリーブオイル、玉ねぎ、にんにくを入れて弱火にかける。にんにくの香りが立ったら唐辛子を加えて炒め、玉ねぎがしんなりしたら白ワインを加える。

2　パスタの茹で汁（お玉1/2〜1杯）を加えてなじませ、茹で上がったパスタを加えて混ぜ合わせる。

3　お皿に盛り、ほぐしたコンビーフと卵黄をトッピングする。

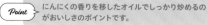
Point　にんにくの香りを移したオイルでしっかり炒めるのがおいしさのポイントです。

のせるだけで一気にいつもとは違う華やかさに。週末のおつまみパスタにもぴったり。

生ハムのペペロンチーノ

基本のペペロンチーノに生ハムをのせるだけ。

調理時間 — 10分　難易度 ★★☆☆☆

材料（1人分）

パスタ…80g
生ハム…適量
にんにく（薄切り）…1かけ
赤唐辛子（輪切り）…適量
オリーブオイル…大さじ1

イタリアンパセリ
（細かく刻む）…適量

作り方

1 フライパンにオリーブオイルとにんにくを入れて弱火にかける。

　　　パスタを茹で始める

2 にんにくはきつね色になったら取り出す。フライパンに唐辛子を入れて、色が変わる前にパスタの茹で汁（お玉1/2〜1杯）を加えてなじませる。

3 茹で上がったパスタとオリーブオイル適量（分量外）を加えて混ぜ合わせる。

4 お皿に盛り、生ハム、②のにんにく、イタリアンパセリをトッピングする

Point 生ハムは産地や肉の部位などによって風味がことなるので、好みのものを探してみましょう。

生ハムとモッツァレラのオイルパスタ

トマトを使ったシンプルなパスタを豪華にアレンジ。

調理時間 — 10分　難易度 ★★★☆☆

材料（1人分）

パスタ…80g
生ハム…適量
モッツァレラチーズ…25g
トマト（くし形切り）…1個
にんにく…1かけ

バジル…5枚
白ワイン…大さじ1
オリーブオイル…大さじ1
ブラックペッパー…適量

作り方

1 フライパンにオリーブオイルと大きめに潰したにんにくを入れて弱火にかける。

　　　パスタを茹で始める

2 にんにくの香りが立ったらトマトを加えて軽く炒め、白ワインを回し入れてアルコール分を飛ばす。パスタの茹で汁（お玉1/2〜1杯）とブラックペッパーを加えてなじませる。

3 フライパンの火を止めて茹で上がったパスタ、ちぎったモッツァレラチーズ、ちぎったバジルを加えて素早く混ぜ合わせる。

4 お皿に盛り、生ハムとブラックペッパーをトッピングし、オリーブオイル適量（分量外）をかける。

生ハムクリームパスタ

卵黄を崩してソースと絡めて召し上がれ。

調理時間 — 10分　難易度 — ★★★☆☆

材料（1人分）

パスタ…80g
生ハム…適量
卵黄…1個
玉ねぎ（薄切り）…1/8個
にんにく（みじん切り）
　…1かけ

A ┌ 牛乳…100ml
　└ コンソメ…小さじ 1/2
粉チーズ…大さじ 1
オリーブオイル…大さじ 1
ブラックペッパー…適量

作り方

1　フライパンにオリーブオイルとにんにくを入れて弱火にかける。

　　パスタを茹で始める

2　にんにくの香りが立ったら、玉ねぎを加えて炒める。火が通ったら **A** を加えて煮詰める。

3　茹で上がったパスタと茹で汁（お玉 1/2 〜 1杯）、粉チーズを加えて混ぜ合わせる。

4　お皿に盛り、生ハム、卵黄、ブラックペッパーをトッピングする。

Point 生クリームではなく牛乳を使うことで、重すぎない仕上がりになります。

生ハムといちじくのオイルパスタ

ワインにもよく合うおしゃれな一品。

調理時間 — 10分　難易度 — ★★☆☆☆

材料（1人分）

パスタ…80g
いちじく（くし形切り）
　…1個
生ハム…適量
にんにく（みじん切り）
　…1かけ

オリーブオイル…大さじ 1
イタリアンパセリ
（細かく刻む）…適量
ブラックペッパー…適量

作り方

1　フライパンにオリーブオイルとにんにくを入れて弱火にかける。

　　パスタを茹で始める

2　アルミホイルにいちじくをのせ、グリルやトースターで 5分ほど焼く。

3　にんにくがきつね色になったら、パスタの茹で汁（お玉 1/2 〜 1杯）を加えてなじませ、茹で上がったパスタとオリーブオイル適量（分量外）を加えて混ぜ合わせる。

4　お皿に盛り、②、生ハム、イタリアンパセリ、ブラックペッパーをトッピングする。

Point いちじくはグリルやトースターで軽く焼くことでパスタとのなじみがよくなります。

生ハムとブラータチーズのトマトパスタ

ブラーターチーズは1個丸ごとのせて贅沢に。

調理時間 — 15分　　難易度 — ★★★☆☆

材料（1人分）

パスタ…80g
┌ トマト缶（カット）
│ 　…100g
A 砂糖…ひとつまみ
│ 赤唐辛子（輪切り）
└ 　…適量
オリーブオイル…大さじ1

にんにく（みじん切り）
　…1かけ
┌ ブラータチーズ…1個
│ 生ハム…適量
B ルッコラ…適量
└ ブラックペッパー…適量

作り方

1 フライパンにオリーブオイルとにんにくを入れて弱火にかける。

　　パスタを茹で始める

2 にんにくがきつね色になったら、**A**を加える。パスタの茹で汁（お玉1/2〜1杯）を加えて煮詰める。

3 茹で上がったパスタとオリーブオイル適量（分量外）を加えて混ぜ合わせる。

4 お皿に盛り、**B**をトッピングする。

Point　ソースが煮詰まりすぎたら、適宜パスタの茹で汁を加えて調整してください。

生ハムとズッキーニのパスタ

ズッキーニはシンプルなオイルパスタにぴったり。

調理時間 — 15分　　難易度 — ★★★☆☆

材料（1人分）

パスタ…80g
生ハム…適量
┌ ズッキーニ（半月切り）
│ 　…1/3本
A オリーブ（輪切り）…3個
│ 赤唐辛子（輪切り）
└ 　…適量

にんにく…1かけ
白ワイン…大さじ2
オリーブオイル…大さじ1
ブラックペッパー…適量

作り方

1 フライパンに大きめに潰したにんにくとオリーブオイルを入れて弱火にかける。

　　パスタを茹で始める

2 にんにくの香りが立ったら**A**を加えて炒める。軽く火が通ったら白ワインを回し入れ、蓋をして蒸し焼きにする。

3 茹で上がったパスタと茹で汁（お玉1/2杯程度）、オリーブオイル（分量外）を加えて混ぜ合わせる。

4 お皿に盛り、生ハムとブラックペッパーをトッピングする。

生ハムとマッシュルームのトマトパスタ

細かく刻んだパプリカがアクセントになります。

調理時間 — 15分 ／ 難易度 — ★★★☆☆

材料（1人分）

パスタ…80g
生ハム…適量
A ┌ マッシュルーム（薄切り）…2個
  └ パプリカ（粗みじん切り）…1/8個
玉ねぎ（みじん切り）…1/8個
にんにく（みじん切り）…1かけ
イタリアンパセリ（細かく刻む）…適量
トマトペースト…大さじ1
オリーブオイル…大さじ1

作り方

1 フライパンにオリーブオイルとにんにくを入れて弱火にかける。香りが立ったら玉ねぎを加えて炒める。

　　パスタを茹で始める

2 玉ねぎがしんなりしたらAを加えて3分ほど炒める。トマトペーストを加えて炒め合わせ、パスタの茹で汁（お玉1杯程度）を加えてなじませる。

3 茹で上がったパスタ、イタリアンパセリ（トッピング用に少し残す）、オリーブオイル適量（分量外）を加えて混ぜ合わせる。

4 お皿に盛り、生ハムとトッピング用のイタリアンパセリをのせる。

生ハムと金柑のクリームパスタ

金柑とクリームチーズを合わせて爽やかで甘酸っぱく。

調理時間 — 10分 ／ 難易度 — ★★☆☆☆

材料（1人分）

パスタ…80g
生ハム…適量
金柑（半月切り）…2個
A ┌ クリームチーズ…20g
  └ 生クリーム…100ml
バター…15g
ブラックペッパー…適量

作り方

　　パスタを茹で始める

1 パスタが茹で上がる5分前に、フライパンにバターを入れて弱火にかける。バターが溶けたらA、パスタの茹で汁（お玉1/2〜1杯）を加え、クリームチーズを溶かしながら煮詰めてブラックペッパーを加える。

2 茹で上がったパスタ、金柑を加えて混ぜ合わせる。

3 お皿に盛り、生ハムとブラックペッパーをトッピングする。

焼き鳥と長ねぎのパスタ

焼き鳥缶を使うことでしっかり味が決まります。

調理時間 —— **10分**　難易度 —— ★★☆☆☆

材料（1人分）

パスタ…80g
焼き鳥缶（塩）…1/2缶
長ねぎ…1/2本
赤唐辛子（輪切り）…適量
オリーブオイル…大さじ1
ブラックペッパー…適量
糸唐辛子…適量

作り方

パスタを茹で始める

1 フライパンにオリーブオイルと赤唐辛子を入れて熱し、焼き鳥を加えてサッと火を通す。食べやすい大きさに切った長ねぎを加えてしんなりするまで炒め合わせる。

2 茹で上がったパスタと茹で汁（お玉1/2杯程度）、ブラックペッパーを加えて混ぜ合わせる。

3 お皿に盛り、糸唐辛子をトッピングする。

焼き鳥カルボナーラ

缶詰で時短＆食べ応えのあるカルボナーラに。

調理時間 —— **10分**　難易度 —— ★☆☆☆☆

材料（1人分）

パスタ…80g
焼き鳥缶（塩）…1/2缶
A ┌ 全卵、卵黄…各1個
　　粉チーズ…15g
　└ ブラックペッパー…適量
オリーブオイル…適量

作り方

パスタを茹で始める

1 アルミホイルに焼き鳥をのせ、グリルやトースターで5分加熱する。

2 ボウルに **A** を入れて混ぜ合わせる。

3 茹で上がったパスタ、①、オリーブオイルを②に加え、湯煎しながら素早く混ぜ合わせる。

4 お皿に盛り、ブラックペッパー（分量外）をトッピングする。

Point 焼き鳥缶はグリルやトースターで焼くことでより風味がよくなります。

Part 04

魚介 のパスタ

魚はスーパーで手に入りやすい
鮭と鱈のレシピを紹介します。
たこ、いか、えび、貝類を使ったものは
ちょっと豪華なパスタを食べたいときや
おもてなしの一品としてもぴったりです。
ツナ缶、鯖缶、いわし缶など
下処理いらずでストックもできる
魚の缶詰もあると便利です。

鮭とほうれん草のクリームパスタ

鮭のピンクとほうれん草の緑が映える、
秋から冬にかけて食べたくなる一皿です。

| 調理時間 | — | 15分 |
| 難易度 | — | ★★★☆☆ |

材料（1人分）

パスタ…80g
鮭（切り身）…80g
ほうれん草…40g
にんにく…1かけ
┌ 生クリーム…100ml
A クリームチーズ…15g
└ コンソメ…小さじ1/2
オリーブオイル…大さじ1
塩、ブラックペッパー…各適量

作り方

1 鮭は一口大に切って塩とブラックペッパーで下味をつける。ほうれん草は食べやすい長さに切る。

2 フライパンにオリーブオイルと大きめに潰したにんにくを入れ弱火にかける。
　　パスタを茹で始める

3 にんにくの香りが立ったら鮭を加えて炒める。色が変わったらほうれん草を加えてサッと炒め合わせ、Aとパスタの茹で汁（お玉1/2〜1杯）を加えてクリームチーズを溶かす。

4 茹で上がったパスタを加え、とろみがつくまで混ぜながら加熱する。

5 お皿に盛り、ブラックペッパーをトッピングする。

鮭とキャベツのクリームパスタ

塩昆布とブラックペッパーが味の決め手です。

調理時間 — 10分 　 難易度 — ★★★☆☆

材料（1人分）

パスタ…80g　　　　　　バター…15g
鮭（切り身）…80g　　　塩、ブラックペッパー
キャベツ（ざく切り）…50g　　　…各適量
A ┌生クリーム…100ml
　└塩昆布…小さじ2

作り方

1　鮭は一口大に切って塩とブラックペッパーで下味をつける。

　　パスタを茹で始める

2　フライパンにバターを熱し、①を焼く。

3　キャベツはパスタが茹で上がる3分前に同じ鍋に加えて一緒に茹でる。

4　鮭の色が変わったらAを加えて弱火で煮詰める。

5　茹で上がったパスタとキャベツを加え、とろみがつくまで加熱しながら混ぜ合わせる。

6　お皿に盛り、ブラックペッパーをトッピングする。

Point　ソースが煮詰まりすぎた場合は、適宜パスタの茹で汁を加えて調整してください。

鮭と小松菜のペペロンチーノ

しめじ以外のきのこでもおいしくできます。

調理時間 — 15分 　 難易度 — ★★★☆☆

材料（1人分）

パスタ…80g　　　　　　赤唐辛子（輪切り）…適量
鮭（切り身）…80g　　　オリーブオイル…大さじ1
小松菜…30g　　　　　　塩、ブラックペッパー
しめじ…15g　　　　　　　…各適量
にんにく（薄切り）…1かけ

作り方

1　鮭は一口大に切って塩とブラックペッパーで下味をつける。小松菜は食べやすい長さに切る。

2　フライパンにオリーブオイルとにんにくを入れて弱火にかける。

　　パスタを茹で始める

3　にんにくがきつね色になったら取り出し、鮭を入れて火を通す。小松菜とほぐしたしめじ、唐辛子を加えてしんなりするまで炒め、パスタの茹で汁（お玉1/2～1杯）を加えてなじませる。

4　茹で上がったパスタとオリーブオイル適量（分量外）を加えて混ぜ合わせ、塩で味を調える。

5　お皿に盛り、③のにんにくをトッピングする。

鮭のレモンクリームパスタ

レモンの爽やかさで最後まで食べ飽きません。

調理時間 —— 15分 　難易度 —— ★★★☆☆

材料（1人分）

パスタ…80g
A ┌ 鮭（切り身）…80g
　│ 玉ねぎ（薄切り）
　│ 　…1/8個
　│ オリーブオイル
　└ 　…大さじ1
レモン汁…1/2個分

B ┌ 白ワイン…大さじ1
　│ 生クリーム…100ml
　└ クリームチーズ…10g
バター…5g
塩、ブラックペッパー
　…各適量

作り方

1 鮭は一口大に切って塩とブラックペッパーで下味をつける。
　　　パスタを茹で始める

2 フライパンに **A** を入れて炒める。鮭の色が変わり玉ねぎがしんなりしたら、**B** とパスタの茹で汁（お玉1/2〜1杯）を加えてひと煮立ちさせる。

3 茹で上がったパスタとバターを加えて混ぜ合わせる。バターが溶けたらレモン汁を加え、とろみがつくまで加熱する。

4 お皿に盛り、ブラックペッパーをトッピングする。

鮭ときのこのバター醤油パスタ

秋が旬の鮭ときのこをオーソドックスな味つけで。

調理時間 —— 15分 　難易度 —— ★★★☆☆

材料（1人分）

パスタ…80g
鮭（切り身）…80g
しめじ…50g
醤油…大さじ1/2
バター…10g
オリーブオイル…大さじ1
塩、ブラックペッパー
　…各適量

作り方

1 鮭は一口大に切って、塩とブラックペッパーで下味をつける。
　　　パスタを茹で始める

2 フライパンにオリーブオイルを熱して鮭の皮目を下にして焼き、皮に焼き色がついたらほぐしたしめじを加えて一緒に炒める。火が通ったら醤油を回し入れ、パスタの茹で汁（お玉1/2〜1杯）を加えてなじませる。

3 茹で上がったパスタとバターを加えて混ぜ合わせる。

4 お皿に盛り、ブラックペッパーをトッピングする。

真鱈のトマトパスタ

万能トマトソースを使えば、魚のパスタも簡単！

調理時間 **15分**　難易度 ★★★☆☆

材料（1人分）

パスタ…80g
鱈（切り身）…80g
万能トマトソース
（P20参照）…80g
ケッパー…小さじ1/2

にんにく…1かけ
オリーブオイル…大さじ1
塩、ブラックペッパー
　…各適量
イタリアンパセリ
（細かく刻む）…適量

作り方

1　鱈は食べやすい大きさに切り、塩を振る。

2　フライパンにオリーブオイルと大きめに潰したにんにくを入れ弱火にかける。

　　パスタを茹で始める

3　にんにくが色づいたら①とケッパーを加えてサッと火を通し、トマトソースとパスタの茹で汁（お玉1/2～1杯）を加えて煮詰める。

4　茹で上がったパスタと、オリーブオイル適量（分量外）を加えて混ぜ合わせる。

5　お皿に盛り、イタリアンパセリとブラックペッパーをトッピングする。

鱈

淡白でクセがないので、トマトでもクリームでもどんなソースにもよく合います。

真鱈とほうれん草のオイルパスタ

仕上げのブラックペッパーで味が引き締まります。

調理時間 **15分**　難易度 ★★★☆☆

材料（1人分）

パスタ…80g
鱈（切り身）…60g
サラダほうれん草…15g
トマト（角切り）…1/4個
にんにく（みじん切り）
　…1かけ

塩昆布…大さじ1
白ワイン…大さじ1
レモン汁…小さじ1
オリーブオイル…大さじ1
ブラックペッパー…適量

作り方

1　フライパンにオリーブオイルとにんにくを入れて弱火にかける。

　　パスタを茹で始める

2　にんにくの香りが立ったら、一口大に切った鱈とトマトを加える。火が通ったら塩昆布と白ワインを加えてアルコール分を飛ばし、パスタの茹で汁（お玉1/2～1杯）を加えてなじませる。

3　茹で上がったパスタと食べやすい長さに切ったほうれん草、レモン汁、オリーブオイル適量（分量外）を加えて混ぜ合わせる。

4　お皿に盛り、ブラックペッパーをトッピングする。

たこのトマトパスタ

具材を細かく刻んでトマト煮に。
ローズマリーの香りもプラスして大人な味に仕上げます。

調理時間 — 15分
難易度 — ★★★☆☆

材料（1人分）

パスタ…80g
たこ（粗みじん切り）…50g
┌ 玉ねぎ（みじん切り）…1/8個
A└ にんじん（みじん切り）…1/8本
オリーブ（輪切り）…2個
にんにく（みじん切り）…1かけ
┌ トマト缶（カット）…100g
│ 赤唐辛子（輪切り）…適量
B│ ローズマリー…適量
└ 砂糖…ひとつまみ
白ワイン…大さじ2
オリーブオイル…大さじ1

作り方

1 フライパンにオリーブオイルとにんにくを入れて弱火にかける。

　パスタを茹で始める

2 にんにくの香りが立ったら A を加えて炒める。玉ねぎが透き通ったら、たことオリーブを加えてサッと炒め合わせ、白ワインを回し入れてアルコール分を飛ばす。

3 B とパスタの茹で汁（お玉1/2〜1杯）を加えて煮詰める。

4 茹で上がったパスタとオリーブオイル適量（分量外）を加えて混ぜ合わせる。

Point → たこは細かく刻むことで、短時間でソースに旨みが生まれます。

たことキャベツのアンチョビパスタ

ランチにもお酒のおつまみにもぴったりです。

調理時間 — 15分　難易度 — ★★★☆☆

材料（1人分）

パスタ…80g
たこ（ぶつ切り）…40g
キャベツ（ざく切り）…50g
アンチョビフィレ…2枚

にんにく（みじん切り）
　…1かけ
赤唐辛子（輪切り）…適量
オリーブオイル…大さじ1
ブラックペッパー…適量

作り方

1　フライパンにオリーブオイルとにんにくを入れて弱火にかける。香りが立ったらアンチョビと唐辛子を加えてほぐしながら炒める。

　　パスタを茹で始める

2　キャベツはパスタが茹で上がる3分前に同じ鍋に加えて一緒に茹でる。

3　にんにくがきつね色になったら、たことパスタの茹で汁（お玉1/2〜1杯）を加えてなじませる。

4　茹で上がったパスタとキャベツ、オリーブオイル適量（分量外）を加えて混ぜ合わせる。

5　お皿に盛り、ブラックペッパーをトッピングする。

たこのプッタネスカ

プッタネスカにたこを加えたアレンジレシピ。

調理時間 — 20分　難易度 — ★★★☆☆

材料（1人分）

パスタ…80g
たこ（ぶつ切り）…50g
トマト缶（カット）…150g
オリーブ（輪切り）…5個
アンチョビフィレ…2枚
ケッパー…小さじ1
オリーブオイル…大さじ1

にんにく（みじん切り）
　…1かけ
イタリアンパセリ
（細かく刻む）…適量
唐辛子（輪切り）…適量
砂糖…ひとつまみ

作り方

1　フライパンにオリーブオイルとにんにくを入れて弱火にかける。香りが立ったらアンチョビと唐辛子を加えてサッと炒め、オリーブ、ケッパーを加えて火を通す。

　　パスタを茹で始める

2　にんにくがきつね色になったらトマト缶、イタリアンパセリ（トッピング用に少し残す）、砂糖を加えて煮詰める。

3　パスタが茹で上がる直前に、②にたこを入れてサッと混ぜ合わせる。

4　茹で上がったパスタと茹で汁（お玉1/2杯程度）、オリーブオイル適量（分量外）を加えて混ぜ合わせる。

5　お皿に盛り、イタリアンパセリをトッピングする。

いかとキャベツのアンチョビパスタ

レモン汁を入れることで、一気に爽やかな風味に！

調理時間 — 10分　難易度 — ★★★☆☆

材料（1人分）

パスタ…80g
いか（輪切り）…30g
キャベツ（ざく切り）…50g
アンチョビフィレ…1枚

にんにく（薄切り）…1かけ
白ワイン…大さじ1
レモン汁…適量
赤唐辛子（輪切り）…適量
オリーブオイル…大さじ1

作り方

1 フライパンにオリーブオイルとにんにくを入れて弱火にかける。

　　パスタを茹で始める

2 にんにくはきつね色になったら取り出す。いか、アンチョビ、唐辛子をフライパンに入れてサッと炒め、白ワインを回し入れてアルコール分を飛ばす。

3 キャベツはパスタが茹で上がる3分前に同じ鍋に加えて一緒に茹でる。

4 フライパンにパスタの茹で汁（お玉1/2～1杯）を加えてなじませ、茹で上がったパスタとキャベツ、レモン汁、オリーブオイル適量（分量外）を加えて混ぜ合わせる。

5 お皿に盛り、②のにんにくをトッピングする。

いかとルッコラのオイルパスタ

ルッコラのごまのような独特な風味がよく合います。

調理時間 — 10分　難易度 — ★★☆☆☆

材料（1人分）

パスタ…80g
┌ いか（輪切り）…30g
│ ミニトマト（半分に切る）
A　…5個
│ 赤唐辛子（輪切り）
└ 　…適量
ルッコラ…適量

にんにく（大きめに潰す）
　…1かけ
白ワイン…大さじ2
オリーブオイル…大さじ1

作り方

1 フライパンにオリーブオイルと大きめに潰したにんにくを入れて弱火にかける。

　　パスタを茹で始める

2 にんにくの香りが立ったらAを加えて炒める。軽く火が通ったら白ワインを加え、蓋をして蒸し焼きにする。

3 茹で上がったパスタ、食べやすい大きさに切ったルッコラ、茹で汁（お玉1/2杯程度）、オリーブオイル適量（分量外）を加えて混ぜ合わせる。

いかとトマトのプッタネスカ

いかとアンチョビの旨みをギュッと濃縮

調理時間 —— 10分　難易度 —— ★★★☆☆

材料（1人分）

パスタ…80g
A ┌ いか（輪切り）…60g
　├ ミニトマト（半分に切る）…5個
　├ オリーブ（輪切り）…3個
　├ アンチョビフィレ…1枚
　├ ケッパー…小さじ1
　└ 赤唐辛子（輪切り）…適量

にんにく（みじん切り）…1かけ
イタリアンパセリ（細かく刻む）…適量
白ワイン…大さじ1
オリーブオイル…大さじ1

作り方

パスタを茹で始める

1　フライパンにオリーブオイルとにんにくを入れて弱火にかけ、香りが立ったらAを加えて炒める。火が通ったら白ワインを回し入れてアルコール分を飛ばす。

2　イタリアンパセリ（トッピング用に少し残す）とパスタの茹で汁（お玉1/2～1杯）を加えて煮詰める。

3　茹で上がったパスタとオリーブオイル適量（分量外）を加えて混ぜ合わせる。

4　お皿に盛り、イタリアンパセリをトッピングする。

Point お好みでいかのワタを加えてもおいしくできます。

いかすみパスタ

いかすみペーストを見つけたらぜひトライしてみて！

調理時間 —— 15分　難易度 —— ★★★☆☆

材料（1人分）

パスタ…80g
いか（輪切り）…30g
トマト缶（カット）…60g
にんにく（みじん切り）…1かけ

いかすみペースト…2g
赤唐辛子…1本
白ワイン…大さじ1
オリーブオイル…大さじ1

作り方

1　フライパンにオリーブオイルとにんにくを入れて弱火にかける。香りが立ったら唐辛子を加えて辛みを出す。

パスタを茹で始める

2　①にいかを入れて炒め、いかすみペーストと白ワインを加えて炒め合わせる。トマト缶とパスタの茹で汁（お玉1/2～1杯）を加えて煮詰める。

3　茹で上がったパスタとオリーブオイル適量（分量外）を加えて混ぜ合わせる。

4　お皿に盛り、お好みで野菜やハーブなどの彩りを足す。

Point いかすみペーストは大型スーパーや輸入食品店などで手に入ります。

旬の春にぜひ使いたいパスタと好相性の食材。プリッとした食感と、丸ごとだからこその旨みを楽しんで。

ホタルイカと菜の花のパスタ

旬の食材を組み合わせた春のパスタ。

調理時間 — 15分
難易度 — ★★★☆☆

材料（1人分）

パスタ…80g
ホタルイカ…30g
菜の花…30g
アンチョビフィレ…2枚
にんにく（みじん切り）
　…1かけ
赤唐辛子（輪切り）…適量
オリーブオイル…大さじ1

作り方

1　フライパンにオリーブオイルとにんにくを入れて弱火にかける。

　　パスタを茹で始める

2　にんにくの香りが立ったらアンチョビを加えてほぐし、唐辛子を加える。

3　菜の花は食べやすい長さに切り、パスタと同じ鍋で1分茹でる。

4　フライパンにホタルイカと菜の花を加え、ホタルイカがぷっくりするまで炒める。

5　パスタの茹で汁（お玉1/2〜1杯）を加えてなじませ、茹で上がったパスタとオリーブオイル適量（分量外）を加えて混ぜ合わせる。

ホタルイカと長ねぎのパスタ

長ねぎの風味がホタルイカの旨みを引き立てます。

調理時間 — 10分
難易度 — ★★★☆☆

材料（1人分）

パスタ…80g
┌ ホタルイカ…40g
│ 長ねぎ（薄切り）
A …1/4本
│ 赤唐辛子（輪切り）
└ …適量
にんにく（みじん切り）
　…1かけ
オリーブオイル
　…大さじ1

作り方

　　パスタを茹で始める

1　フライパンにオリーブオイルとにんにくを入れて弱火にかけ、香りが立ったら A を加えて炒める。

2　パスタの茹で汁（お玉1/2〜1杯）を加えて全体をなじませ、茹で上がったパスタ、オリーブオイル適量（分量外）を加えて混ぜ合わせる。

ホタルイカとアスパラのペペロンチーノ

にんにくの風味が移ったオイルをよく絡ませて。

調理時間 — 10分
難易度 — ★★★☆☆

材料（1人分）

パスタ…80g
ホタルイカ…30g
アスパラガス（斜め切り）
　…2本
にんにく…1かけ
イタリアンパセリ（細かく刻む）
　…適量
赤唐辛子（輪切り）…適量
オリーブオイル…大さじ1

作り方

　　パスタを茹で始める

1　フライパンにオリーブオイルと大きめに潰したにんにくを入れて弱火にかける。香りが立ったら唐辛子、ホタルイカを順に加えて炒める。

2　アスパラガスはパスタが茹で上がる2分前に同じ鍋に加えて一緒に茹でる。

3　フライパンにパスタの茹で汁（お玉1/2〜1杯）を加えてなじませ、茹で

上がったパスタとアスパラガス、イタリアンパセリ（トッピング用に少し残す）、オリーブオイル適量（分量外）を加えて混ぜ合わせる。

4　お皿に盛り、イタリアンパセリをトッピングする。

ホタルイカとクレソンのいかすみパスタ

濃厚なソースとほろ苦いクレソンがベストマッチ。

材料（1人分）

パスタ…80g
ホタルイカ…30g
ミニトマト（4等分に切る）…3個
玉ねぎ（みじん切り）…1/8個
にんにく（みじん切り）…1かけ
赤唐辛子（輪切り）…適量
白ワイン…大さじ1
いかすみペースト…2g
オリーブオイル…大さじ1
クレソン…適量

| 調理時間 | 15分 |
| 難易度 | ★★★☆☆ |

作り方

1 フライパンにオリーブオイル、にんにく、玉ねぎを入れて、弱火にかける。

　パスタを茹で始める

2 にんにくの香りが立ったら唐辛子を加え、玉ねぎが透明になるまで炒める。ホタルイカとミニトマトを加えてサッと火を通し、白ワインといかすみペーストを加えて炒め合わせる。

3 茹で上がったパスタと茹で汁（お玉

1/2杯程度）、オリーブオイル適量（分量外）を加えて混ぜ合わせる。

4 お皿に盛り、食べやすい長さに切ったクレソンを添える。

ホタルイカと春菊のアンチョビパスタ

アンチョビの塩気が食欲をそそります。

| 調理時間 | 15分 |
| 難易度 | ★★★☆☆ |

材料（1人分）

パスタ…80g
ホタルイカ…30g
春菊…30g
アンチョビフィレ…2枚
にんにく（みじん切り）…1かけ
赤唐辛子（輪切り）…適量
オリーブオイル…大さじ1

作り方

1 フライパンにオリーブオイルとにんにくを入れて弱火にかける。

　パスタを茹で始める

2 にんにくの香りが立ったら、アンチョビ、唐辛子を順に加えて炒める。ホタルイカを加えてサッと火を通し、食べやすい長さに切った春菊を加えて炒め合わせる。

3 パスタの茹で汁（お玉1/2～1杯）を加えてなじませ、茹で上がったパスタを加えて混ぜ合わせる。

ホタルイカの旨味パスタ

旨み食材のトマトやマッシュルームと合わせて。

材料（1人分）

パスタ…80g
ホタルイカ…40g
┌ミニトマト（半分に切る）
│　…3個
A│
│マッシュルーム（薄切り）
└　…1個
にんにく（みじん切り）…1かけ
イタリアンパセリ（細かく刻む）
　…適量
赤唐辛子（輪切り）…適量
白ワイン…大さじ2
オリーブオイル…大さじ1

| 調理時間 | 15分 |
| 難易度 | ★★★☆☆ |

作り方

1 フライパンにオリーブオイルとにんにくを入れて弱火にかける。

　パスタを茹で始める

2 にんにくの香りが立ったら唐辛子とAを加えてサッと火を通し、ホタルイカも加えて炒め合わせる。全体に火が通ったらイタリアンパセリ（トッピング用に少し残す）と白ワインを加えてアルコール分を飛ばす。

3 パスタの茹で汁（お玉1/2～1杯）を加えてなじませ、茹で上がったパスタとオリーブオイル適量（分量外）を加えて混ぜ合わせる。

4 お皿に盛り、イタリアンパセリをトッピングする。

えびアボカドパスタ

えびの旨味も加えたアボカドソースは絶品です。

調理時間 30分　難易度 ★★★★☆

材料（1人分）

パスタ…80g
赤えび（殻付き）…2尾
A ┌アボカド…1/2個
　├にんにく…1/2かけ
　├バジル…10枚
　└粉チーズ…大さじ1
にんにく（みじん切り）
　…1/2かけ

白ワイン…50ml
オリーブオイル…大さじ1
ブラックペッパー…適量

作り方

1 Aのにんにくは600Wのレンジで10秒加熱する。えびは殻をむいて、殻、身に分ける。

2 小さめの鍋にオリーブオイル適量（分量外）とえびの殻を入れて炒める。香ばしい香りが立ったら白ワインを加え、大さじ1程度の水分量になるまで煮詰め殻を取り出す。

　　パスタを茹で始める

3 ②とAを合わせ、ブレンダーでペースト状にする。

4 フライパンにオリーブオイルを熱し、えびの身をソテーする。両面焼けたらフライパンを傾けてオイルを集め、そこににんにくを加えて火を通す。全体を炒め合わせ、えびを取り出す。

5 茹で上がったパスタ、茹で汁（大さじ1程度）、④のフライパンに残ったオイル、③を混ぜ合わせる。

6 お皿に盛り、④のえびとブラックペッパーをトッピングする。

えびと春菊のオイルパスタ

春菊は火を通しすぎないようパスタと同時に加えます。

調理時間 15分　難易度 ★★★☆☆

材料（1人分）

パスタ…80g
えび（殻付き）…50g
春菊…30g
にんにく（薄切り）…1かけ
赤唐辛子（輪切り）…適量
オリーブオイル…大さじ1

ブラックペッパー…適量

作り方

1 えびは殻をむく。フライパンにオリーブオイルと殻を入れて弱めの中火で数分炒める。

　　パスタを茹で始める

2 殻を取り出し、にんにくを入れて弱火で加熱する。香りが立ったら中火にしてえびの身と唐辛子をサッと炒め、パスタの茹で汁（お玉1/2〜1杯）を加えてなじませる。

3 茹で上がったパスタと食べやすい長さに切った春菊を加えて混ぜ合わせる。

4 お皿に盛り、ブラックペッパーをトッピングする。

Point お好みで魚醤を少しかけるのもおすすめ。ワンランク上の味わいになります。

赤えびのエスニック風トマトパスタ

ココナッツミルクをベースにした
エスニック料理風のアレンジパスタです。

| 調理時間 | 30分 |
| 難易度 | ★★★★☆ |

材料（1人分）

パスタ…80g
赤えび（殻付き）…3尾
トマト缶（カット）…100g
にんにく…1かけ
赤唐辛子（輪切り）…適量
白ワイン…50ml
水…50ml
ココナッツミルク…50ml
ライム果汁…適量
オリーブオイル…大さじ1
ミックスナッツ…適量
パクチー…適量

作り方

1　えびは殻をむいて一口大に切る（殻は取っておく）。

2　小鍋にオリーブオイル適量（分量外）とえびの殻を入れて炒め、香りが立ったら白ワインを加えて強火にする。水を加えて数分煮詰め、ザルで濾す。

3　フライパンにオリーブオイル、大きめに潰したにんにく、唐辛子を入れて弱火にかける。

> パスタを茹で始める

4　③にえびの身を加えてサッと炒め、取り出す。トマト缶、ココナッツミルク、②、パスタの茹で汁（お玉1/2～1杯）を加えて煮詰める。

5　茹で上がったパスタ、ライム果汁、④のえびを加えて混ぜ合わせる。

6　お皿に盛り、砕いたナッツと食べやすい長さに切ったパクチーをトッピングする。

だしがおいしいあさりやしじみ、ボリューム感のあるほたて、牡蠣などを使います。

ボンゴレロッソ

あさりは蒸し焼きにして、いったん取り出すのが
ふっくら調理するコツです。

| 調理時間 | 15分 |
| 難易度 | ★★★☆☆ |

材料（1人分）

パスタ…80g
┌ あさり（砂抜き済み）…15個
A 赤唐辛子（輪切り）…適量
└ 白ワイン…大さじ2
トマト缶（カット）…150g
にんにく（みじん切り）…1かけ
イタリアンパセリ（細かく刻む）
　…適量
オリーブオイル…大さじ1

作り方

1　フライパンにオリーブオイルとにんにくを入れて弱火にかける。

　　　パスタを茹で始める

2　にんにくの香りが立ったらAを加えて蓋をし、蒸し焼きにする。あさりは開いたらいったん取り出し、トマト缶を加えて煮詰める。

3　パスタの茹で汁（お玉1/2〜1杯）を加えてなじませ、茹で上がったパスタ、②のあさり、イタリアンパセリ（トッピング用に少し残す）、オリーブオイル適量（分量外）を加えて混ぜ合わせる。

4　お皿に盛り、イタリアンパセリをトッピングする。

Point　むきあさりやあさり缶でも作れますが、殻付きあさりを使うことで旨みがアップするので、下処理が面倒でもぜひひチャレンジを！

あさりと春キャベツのパスタ

やわらかく甘い春キャベツをあさりの旨みとともに。

調理時間 —— 15分　難易度 ★★★☆☆

材料（1人分）

パスタ…80g
あさり（砂抜き済み）
　…10個
春キャベツ（ざく切り）
　…50g
にんにく（みじん切り）
　…1かけ

白ワイン…大さじ2
赤唐辛子（輪切り）…適量
オリーブオイル…大さじ1

作り方

1　フライパンにオリーブオイルとにんにくを入れて弱火にかける。

　　パスタを茹で始める

2　にんにくが色づいたらあさり、キャベツ、唐辛子、白ワインを加えて蓋をし、蒸し焼きにする。あさりは開いたらいったん取り出す。

3　茹で上がったパスタ、②のあさり、オリーブオイル適量（分量外）を加えて混ぜ合わせる。

しじみと春キャベツのオイルパスタ

あさりとは違ったよさがあるのでぜひお試しあれ！

調理時間 —— 10分　難易度 ★★☆☆☆

材料（1人分）

パスタ…80g
しじみ（身のみ）…30g
春キャベツ（ざく切り）
　…50g
にんにく（みじん切り）
　…1かけ

赤唐辛子（輪切り）…適量
オリーブオイル…大さじ1

作り方

　　パスタを茹で始める

1　フライパンにオリーブオイルとにんにくを入れて弱火にかける。香りが立ったらしじみと唐辛子を加えて炒める。

2　キャベツはパスタが茹で上がる1分前に同じ鍋に加えて一緒に茹でる。

3　茹で上がったパスタとキャベツ、茹で汁（お玉1/2杯程度）、オリーブオイル適量（分量外）をフライパンに加えて混ぜ合わせる。

Point　やわらかい食感のキャベツが好きな場合は、茹で時間を3分にするとGOOD。

ほたてと菜の花のペペロンチーノ

ほたてのおいしさを味わうため味つけはシンプルに。

調理時間 — 10分　**難易度** — ★★★☆☆

材料（1人分）

パスタ…80g　　　　　オリーブオイル…大さじ1
ほたて…2個
菜の花…30g
にんにく…1かけ
赤唐辛子（輪切り）…適量
白ワイン…大さじ1

作り方

パスタを茹で始める

1 フライパンにオリーブオイルと大きめに潰したにんにく、唐辛子を入れて弱火にかける。ほたてを加えて軽くソテーし、白ワインを回し入れてアルコール分を飛ばす。

2 菜の花は食べやすい大きさに切り、パスタが茹で上がる1分前に同じ鍋に加えて一緒に茹でる。

3 茹で上がったパスタと菜の花、茹で汁（お玉1/2〜1杯）をフライパンに加えて混ぜ合わせる。

4 お皿に盛り、オリーブオイル適量（分量外）をかける。

ほたてと水菜のオイルパスタ

水菜は最後に加えてシャキシャキした食感を生かします。

調理時間 — 10分　**難易度** — ★★★☆☆

材料（1人分）

パスタ…80g　　　　　ブラックペッパー…適量
ベビーほたて…5個
水菜…適量
にんにく…1かけ
白ワイン…大さじ1
オリーブオイル…大さじ1

作り方

パスタを茹で始める

1 フライパンにオリーブオイルと大きめに潰したにんにくを入れて弱火にかける。にんにくの色が変わったらほたてを加えて軽くソテーし、白ワインを回し入れてアルコール分を飛ばす。

2 パスタの茹で汁（お玉1/2〜1杯）を加えてなじませ、茹で上がったパスタと食べやすい長さに切った水菜、オリーブオイル適量（分量外）を加えて混ぜ合わせる。

3 お皿に盛り、ブラックペッパーをトッピングする。

牡蠣とほうれん草のクリームパスタ

牛乳と生クリームで作るソースが程ほどよい濃厚さです。

調理時間 —— **15分**　難易度 —— ★★★☆☆

材料（1人分）

パスタ…80g
牡蠣…50g
ほうれん草…20g
┌ ベーコン（短冊切り）
│ 　…15g
A 玉ねぎ（薄切り）
│ 　…1/8個
│ にんにく（みじん切り）
└ 　…1かけ

牛乳、生クリーム
　…各 50ml
粉チーズ…大さじ1
バター…5g
オリーブオイル…大さじ1
ブラックペッパー…適量

作り方

1 フライパンにオリーブオイルと **A** を入れて弱火にかける。
   　パスタを茹で始める

2 にんにくが色づいたら牡蠣を加えてさらに炒め、火が通ったら食べやすい長さに切ったほうれん草を加えてサッと炒め合わせ、牛乳と生クリームを加えて煮詰める。

3 茹で上がったパスタ、茹で汁（お玉 1/2 杯程度）、バター、粉チーズを加えて、とろみがつくまで加熱しながら混ぜ合わせる。

4 お皿に盛り、ブラックペッパーをトッピングする。

牡蠣と海苔のクリームパスタ

磯の香りを堪能できる和風クリーム仕立て。

調理時間 —— **10分**　難易度 —— ★★★☆☆

材料（1人分）

パスタ…80g
牡蠣…80g
焼き海苔…全形1枚
大葉（みじん切り）…3枚
生クリーム…100ml
バター…15g

細ねぎ（小口切り）、
炒りごま、七味唐辛子
　…各適量

作り方

　パスタを茹で始める

1 フライパンにバターと牡蠣を入れて炒め、取り出す。

2 ①のフライパンに細かくちぎった海苔、パスタの茹で汁（お玉 1 杯程度）を入れて弱火で煮る。海苔が溶けたら生クリームを加えて煮詰める。

3 茹で上がったパスタ、大葉、①を加え、とろみがつくまで混ぜながら加熱する。

4 お皿に盛り、ねぎ、ごま、七味唐辛子をトッピングする。

Point　焼き海苔はパッケージに「初摘み」や「一番摘み」と書かれたものがおすすめです。

どんなソースにもなじみやすくて便利。油を切って使いましょう。

ツナとピーマンのクリームパスタ

<table>
<tr><td>調理時間</td><td>10分</td></tr>
<tr><td>難易度</td><td>★★★☆☆</td></tr>
</table>

ツナ入りのクリームソースが濃厚だけど、ピーマンで後味爽やか。
しいたけを加えることで味が深まります。

材料（1人分）

パスタ…80g
A ┌ ツナ缶…1/2 缶
　├ ピーマン（細切り）…1/2 個
　└ しいたけ（薄切り）…1 個
B ┌ 生クリーム…60ml
　├ 牛乳…40ml
　└ 塩昆布…小さじ 1
粉チーズ…大さじ 1
醤油…小さじ 1
バター…5g
オリーブオイル…大さじ 1
ブラックペッパー…適量

作り方

パスタを茹で始める

1 フライパンにオリーブオイルを熱し、**A** を加えて炒める。火が通ったら醤油を加えてサッと炒め合わせ、**B** とパスタの茹で汁（お玉 1/2 〜 1 杯）を加えて煮詰める。

2 茹で上がったパスタ、粉チーズ、バターを加えて、とろみがつくまで混ぜながら加熱する。

3 お皿に盛り、ブラックペッパーをトッピングする。

ツナと野沢菜の梅しそ納豆パスタ

食材のコンビネーションを楽しむ一皿。

調理時間	10分
難易度	★☆☆☆☆

材料（1人分）

パスタ…80g

─ツナ缶…1/2缶
納豆…1パック
納豆のタレ…1袋
野沢菜漬け…30g
A 梅干し…1/2個
塩昆布…小さじ1
大葉（みじん切り）…3枚
─バター…10g

細ねぎ（小口切り）、
炒りごま、鰹節…各適量

作り方

> パスタを茹で始める

1 梅干しは種を除きペースト状にする。ボウルに **A** を入れて混ぜる。

2 茹で上がったパスタと茹で汁（大さじ1程度）を加えて混ぜ合わせる。

3 お皿に盛り、ねぎ、ごま、鰹節をトッピングする。

ツナときのこのトマトパスタ

きのこは素焼きにすることで味が凝縮します。

調理時間	15分
難易度	★★★☆☆

材料（1人分）

パスタ…80g
ツナ缶…1/2缶
好みのきのこ…80g
にんにく（みじん切り）
　…1かけ
トマトペースト…大さじ1

醤油…小さじ1/2
バター…5g
オリーブオイル…大さじ1
イタリアンパセリ
（細かく刻む）…適量

作り方

1 フライパンにきのこを入れ、中火〜強火で5分ほど素焼きし、取り出す。

> パスタを茹で始める

2 フライパンにオリーブオイルとにんにくを入れて弱火にかけ、にんにくがきつね色になったらツナ缶と①を加えてサッと炒める。トマトペーストと醤油を加えて炒め合わせ、パスタの茹で汁（お玉1/2〜1杯）を加えて煮詰める。

3 茹で上がったパスタとバターを加えて混ぜ合わせる。

4 お皿に盛り、イタリアンパセリをトッピングする。

ツナとミニトマトのレンチンパスタ

お好みでバジルなどのハーブを加えても。

調理時間 — 10分
難易度 — ★☆☆☆☆

材料（1人分）

パスタ…80g
┌ ツナ缶…1/2缶
│ ミニトマト（半分に切る）…10個
A にんにく（すりおろし）…小さじ1
└ オリーブオイル…大さじ1
粉チーズ…大さじ1

作り方

パスタを茹で始める

1 ボウルに**A**を入れ、600Wのレンジで5分加熱する。

2 茹で上がったパスタ、粉チーズ、茹で汁（大さじ1程度）を加えて混ぜ合わせる。

ツナと大葉のペペロンチーノ

イタリアンパセリではなく大葉でさっぱりと。

調理時間 — 10分
難易度 — ★★☆☆☆

材料（1人分）

パスタ…80g
ツナ缶…1/2缶
大葉（みじん切り）
　…3枚
にんにく（みじん切り）
　…1かけ
赤唐辛子（輪切り）
　…適量
オリーブオイル
　…大さじ1

作り方

1 フライパンにオリーブオイルとにんにくを入れて弱火にかける。

パスタを茹で始める

2 にんにくの香りが立ったら唐辛子、ツナ缶の順に加えて火を通し、パスタの茹で汁（お玉1/2〜1杯）を加えて全体をなじませる。

3 茹で上がったパスタと大葉を加えて混ぜ合わせる。

4 お皿に盛り、ちぎった大葉（分量外）をトッピングする。

ツナとコーンのバター醤油パスタ

ツナとコーンの缶詰があればすぐ作れます！

調理時間 — 10分
難易度 — ★☆☆☆☆

材料（1人分）

パスタ…80g
┌ ツナ缶…1/2缶
│ コーン缶…50g
A 大葉（みじん切り）…2枚
│ バター…15g
└ 醤油…小さじ2

作り方

パスタを茹で始める

1 ボウルに**A**とパスタの茹で汁（大さじ1程度）を入れて混ぜる。

2 茹で上がったパスタを加えて混ぜ合わせる。

ツナとキャベツのレンチンパスタ

余ったキャベツがあるときにおすすめ。

調理時間 — 10分
難易度 — ★☆☆☆☆
レンチン

材料（1人分）

パスタ…80g
┌ツナ缶…1/2缶
│キャベツ（ざく切り）…50g
A 塩昆布…小さじ1
│醤油…小さじ1
└オリーブオイル…大さじ1
ブラックペッパー…適量

作り方

　パスタを茹で始める

1　ボウルに**A**を入れて600Wのレンジで2分加熱する。

2　茹で上がったパスタと茹で汁（大さじ1程度）を加えて混ぜ合わせる。

3　お皿に盛り、ブラックペッパーをトッピングする。

ツナと玉ねぎのトマトパスタ

煮詰めることでソースにまとまりが出ます。

材料（1人分）

パスタ…80g
ツナ缶…1/2缶
トマト缶（カット）…150g
┌玉ねぎ（みじん切り）…1/4個
A└ローリエ…1枚
にんにく（みじん切り）…1かけ
イタリアンパセリ（細かく刻む）…適量
白ワイン…大さじ1
オリーブオイル…大さじ1
ブラックペッパー…適量

調理時間 — 20分
難易度 — ★★★☆☆

作り方

1　フライパンにオリーブオイルとにんにくを入れて弱火にかけ、香りが立ったら**A**を加えて炒める。玉ねぎがしんなりしたらツナ缶を加えてサッと炒め合わせ、白ワインを回し入れてアルコール分を飛ばす。

　パスタを茹で始める

2　フライパンにトマト缶とパスタの茹で汁（お玉1/2〜1杯）を加えて煮詰める。

3　茹で上がったパスタと、イタリアンパセリ（トッピング用に少し残す）、オリーブオイル適量（分量外）を加えて混ぜ合わせる。

4　お皿に盛り、イタリアンパセリとブラックペッパーをトッピングする。

ツナと九条ねぎの和風パスタ

長ねぎを使ってもおいしくできます。

混ぜるだけ

調理時間 — 10分
難易度 — ★☆☆☆☆

材料（1人分）

パスタ…80g
┌ツナ缶…1/2缶
│九条ねぎ（小口切り）…適量
│炒りごま…適量
A│だし醤油…大さじ1/2
│塩昆布…小さじ1
└オリーブオイル…大さじ1
鰹節…適量

作り方

　パスタを茹で始める

1　ボウルに**A**とパスタの茹で汁（大さじ1程度）を入れて混ぜる。

2　茹で上がったパスタを加えて混ぜ合わせる。

4　お皿に盛り、鰹節をトッピングする。

ツナとごぼうのクリームパスタ

ごぼうを使うとクリームパスタも一気に和風に。

調理時間 ─ 15分　　難易度 ─ ★★★☆☆

材料（1人分）

パスタ…80g
ツナ缶…1/2缶
┌ ごぼう（せん切り）
│ 　…1/8本
A 玉ねぎ（薄切り）
│ 　…1/8個
└ しいたけ（薄切り）…1個
にんにく（みじん切り）
　…1かけ

┌ 生クリーム…100ml
B 塩昆布…大さじ1
└ すりごま…大さじ1
醤油…小さじ1/2
オリーブオイル…大さじ1
細ねぎ（小口切り）…適量
七味唐辛子…適量

作り方

1 フライパンにオリーブオイルとにんにくを入れて弱火にかける。香りが立ったら A を加え、5分ほど炒める。
　　パスタを茹で始める

2 フライパンにツナ缶を加えてサッと炒め、醤油を加えて炒め合わせる。B とパスタの茹で汁（お玉1杯程度）を加えて煮詰める。

3 茹で上がったパスタを加えて、とろみがつくまで混ぜながら加熱する。

4 お皿に盛り、ねぎと七味唐辛子をトッピングする。

ツナとオクラの和風パスタ

食感のアクセントにしば漬けをプラスします。

調理時間 ─ 10分　　難易度 ─ ★☆☆☆☆

材料（1人分）

パスタ…80g
┌ ツナ缶…1/2缶
│ オクラ…2本
│ しば漬け（粗みじん切り）
│ 　…10g
A
│ 醤油、めんつゆ
│ 　…各小さじ1
│ バター…5g
└ オリーブオイル…小さじ2

鰹節…適量

作り方

1 パスタ用の湯を沸かし、オクラを1分ほど茹で、食べやすい大きさに切る。
　　パスタを茹で始める

2 ボウルに A を入れて混ぜ合わせる。

3 茹で上がったパスタ、茹で汁（大さじ1程度）を加えて混ぜ合わせる。

4 お皿に盛り、鰹節をトッピングする。

ツナと白菜のトマトパスタ

ツナの旨みと白菜の甘みがよく合います。

調理時間 —— 15分
難易度 —— ★★★☆☆

材料（1人分）

パスタ…80g
ツナ缶…1/2缶
白菜（ざく切り）…30g
トマト缶（カット）…100g
アンチョビフィレ…2枚
にんにく（みじん切り）
　　　…1かけ
オリーブオイル…大さじ1
塩…ひとつまみ
ブラックペッパー…適量
乾燥パセリ…適量

作り方

1　フライパンにオリーブオイル、にんにく、アンチョビを入れて弱火にかける。

> パスタを茹で始める

2　フライパンにツナ缶を加えて軽く炒め、白菜とトマト缶、パスタの茹で汁（お玉1/2〜1杯）、ブラックペッパー、塩を加えて煮詰める。

3　茹で上がったパスタとオリーブオイル適量（分量外）を加えて混ぜ合わせる。

4　お皿に盛り、パセリをトッピングする。

ツナと玉ねぎの和風パスタ

めんつゆバター味にキムチを加えてピリ辛に。

調理時間 —— 10分
難易度 —— ★★★☆☆

材料（1人分）

パスタ…80g
ツナ缶…1/2缶
玉ねぎ（薄切り）
　　　…1/8個
キムチ…20g
めんつゆ…小さじ2
バター…5g
オリーブオイル…大さじ1
細ねぎ（小口切り）…適量

作り方

1　フライパンにオリーブオイルと玉ねぎを入れて弱火にかける。

> パスタを茹で始める

2　玉ねぎがしんなりしたらツナ缶とキムチを加えてサッと炒め合わせる。めんつゆとパスタの茹で汁（お玉1/2〜1杯）を加えて全体をなじませる。

3　茹で上がったパスタとバターを加えて混ぜ合わせる。

4　お皿に盛り、ねぎをトッピングする。

ツナとなすのバター醤油パスタ

とろりと焼けたなすにツナの旨みを絡めて。

調理時間 —— 10分
難易度 —— ★★★☆☆

材料（1人分）

パスタ…80g
ツナ缶…1/2缶
なす（輪切り）…1/2本
大葉（みじん切り）…3枚
醤油…大さじ1/2
バター…5g
オリーブオイル…大さじ1

作り方

> パスタを茹で始める

1　フライパンにオリーブオイルとなすを入れて炒める。焼き色がついたらツナ缶と醤油を加えてサッと炒め合わせる。

2　パスタの茹で汁（お玉1/2〜1杯）を加えて全体をなじませ、茹で上がったパスタ、大葉、バターを加えて混ぜ合わせる。

ツナと野沢菜の海苔パスタ

焼き海苔をふやかしてソースにします。

| 調理時間 | 10分 |
| 難易度 | ★☆☆☆☆ |

材料（1人分）

パスタ…80g
┌ ツナ缶…1/2缶
│ 野沢菜漬け…40g
A│ バター…10g
└ めんつゆ…小さじ1
焼き海苔…全形1/2枚
塩昆布…小さじ1

オリーブオイル…適量
炒りごま、七味唐辛子
　…各適量

作り方

パスタを茹で始める

1　ボウルに細かくちぎった海苔、塩昆布、パスタの茹で汁（お玉1/2杯程度）を入れて海苔をふやかす。

2　茹で上がったパスタと、**A**、オリーブオイルを加えて混ぜ合わせる。

3　お皿に盛り、ごまと七味唐辛子をトッピングする。

Point　焼き海苔はパッケージに「初摘み」や「一番摘み」と書かれたものがおすすめです。

ツナとミニトマトのオイルパスタ

定番のオイルパスタがツナでパワーアップ。

| 調理時間 | 15分 | 難易度 | ★★★☆☆ |

材料（1人分）

パスタ…80g
ツナ缶…1/2缶
ミニトマト（半分に切る）
　…5個
にんにく（薄切り）…1かけ
赤唐辛子（輪切り）…適量

イタリアンパセリ
（細かく刻む）…適量
粉チーズ…大さじ1
白ワイン…大さじ1
オリーブオイル…大さじ1

作り方

1　フライパンにオリーブオイルとにんにくを入れて弱火にかける。

パスタを茹で始める

2　にんにくはきつね色になったら取り出し、ツナ缶、ミニトマト、唐辛子を加えて炒める。火が通ったら白ワインを回し入れてアルコール分を飛ばす。

3　茹で上がったパスタと茹で汁（お玉1/2杯程度）、イタリアンパセリ（トッピング用に少し残す）、粉チーズを加えて混ぜ合わせる。

4　お皿に盛り、②のにんにくとイタリアンパセリをトッピングする。

ツナのトマトクリームチーズパスタ

具はシンプルですがおいしさが
ギュッと詰まっています。

| 調理時間 | 20分 |
| 難易度 | ★★★☆☆ |

材料（1人分）

パスタ…80g
ツナ缶…1/2缶
トマト缶（カット）…100g
クリームチーズ…20g
玉ねぎ（みじん切り）…1/4個
にんにく（みじん切り）…1かけ
イタリアンパセリ（細かく刻む）…適量
オリーブオイル…大さじ1
砂糖…ひとつまみ
ブラックペッパー…適量

作り方

1 フライパンにオリーブオイルとにんにく、玉ねぎを入れて弱火にかける。にんにくが
きつね色になったらツナ缶、トマト缶、砂糖を加えてサッと混ぜ合わせる。

   パスタを茹で始める

2 フライパンにパスタの茹で汁（お玉1/2～1杯）を加えて煮詰める。

3 パスタが茹で上がる2分ほど前に、フライパンにクリームチーズとイタリアンパセリ
（トッピング用に少し残す）を加えて全体を混ぜてなじませる。

4 茹で上がったパスタを加えて混ぜ合わせる。

5 お皿に盛り、イタリアンパセリとブラックペッパーをトッピングする。

手軽に食べられて栄養も豊富。水煮だけでなく味噌煮も活用できます。

鯖味噌キャベツの和風パスタ

ホイコーローにヒントを得た
味噌味×キャベツの組み合わせ。

調理時間	10分
難易度	★★☆☆☆

材料（1人分）

パスタ…80g
鯖缶（味噌煮）…1/2缶
キャベツ（ざく切り）…50g
にんにく（みじん切り）…1かけ
オリーブオイル…大さじ1
ブラックペッパー…適量

作り方

パスタを茹で始める

1 フライパンにオリーブオイルとにんにくを入れて弱火にかけ、汁気を切った鯖缶を加えてほぐしながら炒める。

2 キャベツはパスタが茹で上がる3分前に同じ鍋に加えて一緒に茹でる。

3 フライパンに茹で上がったパスタとキャベツ、茹で汁（お玉1/2杯程度）を加えて混ぜ合わせる。

4 お皿に盛り、ブラックペッパーをトッピングする。

鯖味噌缶とトマトのコク旨パスタ

味噌煮缶を使うことで、短時間でも深い味わいに。

調理時間 — **15分**　難易度 ★★★☆☆

材料（1人分）

パスタ…80g
鯖缶（味噌煮）…1/2缶
トマト（角切り）…1/2個
にんにく（みじん切り）
　…1かけ

大葉（みじん切り）…3枚
バター…10g
オリーブオイル…大さじ1

作り方

1　フライパンにオリーブオイルとにんにくを入れて弱火にかける。

　　パスタを茹で始める

2　にんにくが色づいたら汁気を切った鯖缶とトマトを加えてほぐしながら炒め、パスタの茹で汁（お玉1杯程度）を加えて煮詰める。

3　茹で上がったパスタ、大葉（トッピング用に少し残す）、バター、オリーブオイル適量（分量外）を加えて混ぜ合わせる。

4　お皿に盛り、トッピング用の大葉をのせる。

鯖味噌缶と香味野菜のトマトパスタ

細かく刻んだ野菜の風味がソースに染み出します。

調理時間 — **15分**　難易度 ★★★☆☆

材料（1人分）

パスタ…80g
鯖缶（味噌煮）…1/2缶
┌ セロリ（みじん切り）
│　…1/4本
│ にんじん（みじん切り）
A│　…1/8本
│ 玉ねぎ（みじん切り）
└　…1/8個

にんにく（みじん切り）
　…1かけ
イタリアンパセリ
（細かく刻む）…適量
トマトペースト…大さじ1
オリーブオイル…大さじ1

作り方

1　フライパンにオリーブオイルとにんにくを入れて弱火にかける。香りが立ったら **A** を加えて5分ほど炒める。

　　パスタを茹で始める

2　フライパンに汁気を切った鯖缶を加えてほぐしながら炒める。トマトペーストを加えて炒め合わせ、パスタの茹で汁（お玉1杯程度）を加えて煮詰める。

3　茹で上がったパスタ、イタリアンパセリ（トッピング用に少し残す）、オリーブオイル適量（分量外）を加えて混ぜ合わせる。

4　お皿に盛り、イタリアンパセリをトッピングする。

鯖缶となすのアラビアータ

トマトジュースを使ったピリ辛ソースが決め手。

調理時間 — 15分
難易度 — ★★★☆☆

材料（1人分）

パスタ…80g
鯖缶（水煮）…1/2缶
なす（輪切り）…1/2本
トマトジュース…150ml
にんにく…1かけ
イタリアンパセリ
（細かく刻む）
　…適量
赤唐辛子（輪切り）…適量
オリーブオイル…大さじ1

作り方

1　フライパンにオリーブオイルと大きめに潰したにんにくを入れて弱火にかける。

　　パスタを茹で始める

2　にんにくの香りが立ったらなすを加えて炒める。焼き色がついたら汁気を切った鯖缶と唐辛子を加えて炒め合わせ、トマトジュースを加えて煮詰める。

3　パスタの茹で汁（お玉1/2〜1杯）を加えて全体をなじませ、茹で上がったパスタ、イタリアンパセリを加えて混ぜ合わせる。

鯖缶レモンパスタ

ボリューム満点なのにさっぱり食べられます。

調理時間 — 10分
難易度 — ★★★☆☆

材料（1人分）

パスタ…80g
鯖缶（水煮）…1/2缶
にんにく…1かけ
赤唐辛子（輪切り）
　…適量
イタリアンパセリ
（細かく刻む）…適量
白ワイン…大さじ1
レモン汁…大さじ1
オリーブオイル
　…大さじ1

作り方

　　パスタを茹で始める

1　フライパンにオリーブオイルと大きめに潰したにんにくを入れて弱火にかける。香りが立ったら汁気を切った鯖缶と唐辛子を加えて炒め、白ワインを回し入れる。

2　パスタの茹で汁（お玉1/2〜1杯）を加えて全体をなじませ、茹で上がったパスタ、イタリアンパセリ（トッピング用に少し残す）、レモン汁を加えて混ぜ合わせる。

3　お皿に盛り、イタリアンパセリをトッピングする。

焼き鯖と春菊のパスタ

鯖缶は焼くことで香ばしい風味に。

調理時間 — 10分
難易度 — ★★★☆☆

材料（1人分）

パスタ…80g
鯖缶（水煮）…1/2缶
春菊…30g
にんにく（みじん切り）
　…1かけ
赤唐辛子（輪切り）…適量
オリーブオイル…大さじ1

作り方

1　鯖缶は汁気を切ってほぐし、アルミホイルにのせてグリルやトースターで5分ほど焼く。

　　パスタを茹で始める

2　フライパンにオリーブオイルとにんにくを入れ弱火にかける。香りが立ったら唐辛子を加えて辛みを出す。にんにくがきつね色になったら①、食べやすい長さに切った春菊を順に加えてサッと炒める。

3　茹で上がったパスタ、オリーブオイル適量（分量外）を加えて混ぜ合わせる。

鯖味噌缶と長ねぎの和風パスタ

山椒の香りが味噌煮缶とよくマッチします。

調理時間	— 10分
難易度	★★☆☆☆

材料（1人分）

パスタ…80g
鯖缶（味噌煮）…1/2缶
長ねぎ（斜め切り）
　…1/2本
粉山椒…適量
オリーブオイル…大さじ1

作り方

パスタを茹で始める

1　フライパンにオリーブオイルと長ねぎを入れて炒める。しんなりし始めたら汁気を切った鯖缶を加えてほぐす。

2　茹で上がったパスタと茹で汁（お玉1/2杯程度）、粉山椒を加えて混ぜ合わせる。

鯖味噌納豆パスタ

味噌と相性のよい納豆、チーズを加えて。

混ぜるだけ

調理時間	— 10分
難易度	★☆☆☆☆

材料（1人分）

パスタ…80g
┌鯖缶（味噌煮）…1/2缶
│納豆…1パック
A│納豆のタレ…1袋
└粉チーズ…大さじ1

作り方

パスタを茹で始める

1　ボウルにAとパスタの茹で汁（大さじ1程度）を入れて混ぜる。

2　茹で上がったパスタを加えて混ぜ合わせる。

鯖味噌バターパスタ

ねぎはたっぷりのせるのがおすすめ。

調理時間	— 10分
難易度	★☆☆☆☆

材料（1人分）

パスタ…80g
鯖缶（味噌煮）…1/2缶
┌生姜（すりおろし）
│　…小さじ1/4
A│醤油…小さじ1
└バター…10g
細ねぎ（小口切り）、鰹節、
七味唐辛子…各適量

作り方

パスタを茹で始める

1　鯖缶は汁気を切ってほぐし、アルミホイルにのせてグリルやトースターで5分ほど焼く。

2　ボウルに①、A、パスタの茹で汁（大さじ1程度）を入れて混ぜる。

3　茹で上がったパスタをボウルに加える。

4　お皿に盛り、ねぎ、鰹節、七味唐辛子をトッピングする。

鯖缶と玉ねぎのトマトパスタ

鯖缶の旨みのおかげで少ない材料でも贅沢な味わいに。

調理時間 — 15分　難易度 — ★★★☆☆

材料（1人分）

パスタ…80g
鯖缶（水煮）…1/2缶
玉ねぎ（みじん切り）
　…1/8個
にんにく（みじん切り）
　…1かけ

イタリアンパセリ
（細かく刻む）…適量
トマトペースト…大さじ1
オリーブオイル…大さじ1
塩…少々

作り方

1　フライパンにオリーブオイルとにんにくを入れて弱火にかける。

　　パスタを茹で始める

2　にんにくの香りが立ったら玉ねぎと塩を加えて炒め、にんにくが色づいたらトマトペーストを加えて炒め合わせる。汁気を切った鯖缶を加えてほぐし、パスタの茹で汁（お玉1杯程度）を加えてなじませる。

3　茹で上がったパスタ、イタリアンパセリ（トッピング用に少し残す）、オリーブオイル適量（分量外）を加えて混ぜる。

4　お皿に盛り、イタリアンパセリをトッピングする。

鯖缶とセミドライトマトのシチリア風パスタ

旨みがギュッと濃縮したセミドライトマトを使います。

調理時間 — 20分　難易度 — ★★★☆☆

材料（1人分）

パスタ…80g
A{鯖缶（水煮）…1/2缶
　セミドライトマト…5個
玉ねぎ（みじん切り）
　…1/8個
にんにく（みじん切り）
　…1かけ

白ワイン…大さじ2
パン粉…大さじ1
オリーブオイル…大さじ1
イタリアンパセリ
（細かく刻む）…適量

作り方

1　フライパンにオリーブオイル少々（分量外）とパン粉を入れて炒り、きつね色になったら取り出す。

2　①のフライパンにオリーブオイルとにんにくを入れ、弱火にかける。香りが立ったら玉ねぎを加えて炒める。

　　パスタを茹で始める

3　玉ねぎがしんなりしたらAを加えてサッと炒め、白ワインを回し入れてアルコール分を飛ばす。

4　茹で上がったパスタと茹で汁（お玉1/2杯程度）、オリーブオイル適量（分量外）を加えて混ぜ合わせる。

5　お皿に盛り、①とイタリアンパセリをトッピングする。

Point　セミドライトマトではなくミニトマトを使ってもおいしくできます。

鯖缶とごぼうのラグーパスタ

みじん切りのごぼうと煮込んでひと味違うパスタに。

調理時間 ── 20分 　 難易度 ── ★★★☆☆

材料（1人分）

パスタ…80g
鯖缶（水煮）…1/2缶
ごぼう（みじん切り）
　…1/4本
玉ねぎ（みじん切り）
　…1/8個

トマトペースト…大さじ1
にんにく（みじん切り）
　…1かけ
イタリアンパセリ
（細かく刻む）…適量
赤ワイン…大さじ2
オリーブオイル…大さじ1

作り方

1　フライパンにオリーブオイルとにんにくを入れて弱火にかける。香りが立ったらごぼうと玉ねぎを加えて5分ほど炒め、汁気を切った鯖缶を加えてほぐしながら炒める。

　　パスタを茹で始める

2　フライパンにトマトペーストを加えて混ぜ合わせ、赤ワインとパスタの茹で汁（お玉1杯程度）を加えて煮詰める。

3　茹で上がったパスタ、イタリアンパセリ（トッピング用に少し残す）、オリーブオイル適量（分量外）を加えて混ぜ合わせる。

4　お皿に盛り、イタリアンパセリをトッピングする。

鯖缶とトマトのローズマリーパスタ

ローズマリーの風味を効かせたちょっぴり大人なテイスト。

調理時間 ── 10分 　 難易度 ── ★★★☆☆

材料（1人分）

パスタ…80g
鯖缶（水煮）…1/2缶
ミニトマト（半分に切る）
　…5個
にんにく（みじん切り）
　…1かけ

ローズマリー…適量
赤唐辛子（輪切り）…適量
白ワイン…大さじ1
オリーブオイル…大さじ1
ブラックペッパー…適量

作り方

1　フライパンにオリーブオイルとにんにく、ローズマリーを入れて弱火にかける。

　　パスタを茹で始める

2　にんにくの香りが立ったら唐辛子、ミニトマト、汁気を切った鯖缶を順に加える。火が通ったら白ワインを回し入れてアルコール分を飛ばす。

3　茹で上がったパスタと茹で汁（お玉1/2杯程度）、オリーブオイル適量（分量外）を加えて混ぜ合わせる。

4　お皿に盛り、ブラックペッパーをトッピングする。

鯖缶とオリーブのオイルパスタ

チーズパン粉を使うと簡単なのにおしゃれに。

`調理時間` — 15分　`難易度` — ★★★☆☆

材料（1人分）

パスタ…80g
鯖缶（水煮）…1/2缶
オリーブ（輪切り）…5個
にんにく（みじん切り）
　…1かけ

パン粉…大さじ1
粉チーズ…大さじ1/2
イタリアンパセリ
（細かく刻む）…適量
赤唐辛子（輪切り）…適量
オリーブオイル…大さじ1

作り方

1　フライパンにパン粉を入れ乾煎りする。色が変わり始めたら粉チーズを加え、きつね色になったら取り出す。

　　`パスタを茹で始める`

2　①のフライパンにオリーブオイルとにんにくを入れて弱火にかけ、香りが立ったら汁気を切った鯖缶、オリーブ、唐辛子を加えて炒める。パスタの茹で汁（お玉1/2～1杯）を加えてなじませる。

3　茹で上がったパスタ、①の半量、イタリアンパセリ（トッピング用に少し残す）、オリーブオイル適量（分量外）を加えて混ぜ合わせる。

4　お皿に盛り、①の残りとイタリアンパセリをトッピングする。

`Point` ─ パン粉を乾煎りする際は、焦がさないように気をつけましょう。

焼き鯖ときのこのクリームパスタ

グリルした鯖をまろやかなクリームソース仕立てに。

`調理時間` — 15分　`難易度` — ★★★☆☆

材料（1人分）

パスタ…80g
鯖缶（水煮）…1/2缶
A⎡まいたけ…40g
　⎣しいたけ（薄切り）…1個
にんにく（みじん切り）
　…1かけ

生クリーム…100ml
塩昆布…大さじ1
粉チーズ…大さじ1
オリーブオイル…大さじ1
塩…適量
イタリアンパセリ
（細かく刻む）…適量

作り方

1　鯖缶は汁気を切りほぐして、Aとともにアルミホイルにのせ、軽く塩を振ってグリルやトースターで5分ほど焼く。

　　`パスタを茹で始める`

2　フライパンにオリーブオイルとにんにくを入れて弱火にかけ、色づいたら①を加えて炒め合わせる。生クリーム、塩昆布、パスタの茹で汁（お玉1/2～1杯）を加えて煮詰める。

3　茹で上がったパスタ、粉チーズを加えてとろみがつくまで混ぜながら加熱する。

4　お皿に盛り、イタリアンパセリをトッピングする。

いわし缶としししとうのパスタ

手間がかかりそうな魚のパスタが
下ごしらえなしで簡単に作れます！

| 調理時間 | 15分 |
| 難易度 | ★★★☆☆ |

材料（1人分）

パスタ…80g
いわし缶（味付）…1/2缶
ししとう（輪切り）…15g
玉ねぎ（みじん切り）…1/4個
にんにく（みじん切り）…1かけ
赤唐辛子（輪切り）…適量
白ワイン…大さじ1
オリーブオイル…大さじ1
ブラックペッパー…適量

作り方

1 フライパンにオリーブオイルとにんにくを入れて弱火にかける。

　　パスタを茹で始める

2 にんにくの香りが立ったら玉ねぎと唐辛子を加えて炒める。玉ねぎがしんなりしたら汁気を切ったいわし缶とししとうを加えてサッと炒め、白ワインを回し入れてアルコール分を飛ばす。

3 茹で上がったパスタと茹で汁（お玉1/2杯程度）を加えて混ぜ合わせる。

4 お皿に盛り、ブラックペッパーをトッピングする。

いわし缶ペペロンチーノ

10分でレストランのような本格的な味わいに。

調理時間 ── **10分**　　難易度 ── ★★★☆☆

材料（1人分）

パスタ…80g
いわし缶（味付）…1/2缶
にんにく（薄切り）…1かけ
イタリアンパセリ
（細かく刻む）…適量

赤唐辛子…1本
オリーブオイル…大さじ1

作り方

> パスタを茹で始める

1　フライパンにオリーブオイルとにんにくを入れて弱火にかけ、きつね色になったら取り出す。

2　①のフライパンに唐辛子、汁気を切ったいわし缶を順に加えてほぐしながら炒め、パスタの茹で汁（お玉1/2〜1杯）を加えてなじませる。

3　茹で上がったパスタ、イタリアンパセリ（トッピング用に少し残す）、オリーブオイル適量（分量外）を加えて混ぜ合わせる。

4　お皿に盛り、①とイタリアンパセリをトッピングする。

いわし缶といちじくの旨味パスタ

いわしの旨みといちじくの甘さが溶け合います。

調理時間 ── **10分**　　難易度 ── ★★★☆☆

材料（1人分）

パスタ…80g
いわし缶（味付）…1/2缶
いちじく（くし形切り）
　…1個
マッシュルーム（薄切り）
　…2個
にんにく…1かけ

赤唐辛子（輪切り）…適量
白ワイン…50ml
オリーブオイル…大さじ1
ブラックペッパー…適量
糸唐辛子…適量

作り方

1　フライパンにオリーブオイルと大きめに潰したにんにく、赤唐辛子を入れて弱火にかける。

> パスタを茹で始める

2　にんにくの香りが立ったらフライパンに汁気を切ったいわし缶とマッシュルームを入れて炒め、白ワインを回し入れてアルコールを飛ばす。

3　茹で上がったパスタと茹で汁（お玉1/2杯程度）、オリーブオイル適量を加えて混ぜ合わせる。

4　お皿に盛り、いちじく、ブラックペッパー、糸唐辛子をトッピングする。

いわし缶とキャベツの和風パスタ

ピリリと香る柚子胡椒がアクセントに。

調理時間 ── 10分　難易度 ── ★★★☆☆

材料（1人分）

パスタ…80g
いわし缶（味付）…1/2缶
キャベツ（ざく切り）…50g
ミニトマト（半分に切る）
　…3個
にんにく（みじん切り）
　…1かけ

白ワイン…大さじ1
┌だし醤油…小さじ1
A 味噌、柚子胡椒
└　…各小さじ1/2
オリーブオイル…大さじ1
ブラックペッパー
　…適量

作り方

パスタを茹で始める

1 フライパンにオリーブオイルとにんにくを入れて弱火にかける。香りが立ったら汁気を切ったいわし缶とミニトマトを加えてサッと炒め、白ワインを回し入れてアルコール分を飛ばす。

2 キャベツはパスタが茹で上がる3分前に、同じ鍋に加えて一緒に茹でる。

3 茹で上がったパスタとキャベツ、A、茹で汁（お玉1/2杯程度）を加えて混ぜ合わせる。

4 お皿に盛り、ブラックペッパーをトッピングする。

いわし缶とセロリのラグーパスタ

セロリの華やかな風味が味に奥行きをプラスします。

調理時間 ── 15分　難易度 ── ★★★☆☆

材料（1人分）

パスタ…80g
いわし缶（水煮）…1/2缶
トマト（角切り）…1/2個
セロリ（みじん切り）
　…1/3本

白ワイン…大さじ1
にんにく（みじん切り）
　…1かけ
イタリアンパセリ
（細かく刻む）…適量
オリーブオイル…大さじ1

作り方

1 フライパンにオリーブオイルとにんにくを入れて弱火にかける。香りが立ったらセロリを加える。

パスタを茹で始める

2 セロリを5分ほど炒めたら、汁気を切ったいわし缶とトマトを加えて中火でさらに炒める。白ワインを加えてアルコール分を飛ばし、パスタの茹で汁（お玉1杯程度）を加えて煮詰める。

3 茹で上がったパスタ、イタリアンパセリ（トッピング用に少し残す）、オリーブオイル適量（分量外）を加えて混ぜ合わせる。

4 お皿に盛り、イタリアンパセリをトッピングする。

いわし缶とミニトマトの旨味パスタ

ミニトマト、マッシュルーム、アンチョビで旨みたっぷり。

調理時間 ... **20分**　難易度 ... ★★★☆☆

材料（1人分）

パスタ…80g

┌ いわし缶（水煮）…1/2缶
│ ミニトマト（半分に切る）
│ 　…3個
A マッシュルーム
│ （4等分に切る）…3個
│ 赤唐辛子（輪切り）
└ 　…適量

アンチョビフィレ…2枚
にんにく（みじん切り）
　…1かけ
乾燥パセリ…適量
パン粉…大さじ1
白ワイン…大さじ1
オリーブオイル…大さじ1

作り方

1 フライパンにオリーブオイル少々（分量外）とパン粉、パセ
　リを入れて炒り、きつね色になったら取り出す。

　　パスタを茹で始める

2 ①のフライパンにオリーブオイルとアンチョビ、にんにく
　を入れて弱火にかける。香りが立ったら **A** を加えてサッ
　と炒め、白ワインを回し入れてアルコール分を飛ばす。

3 パスタの茹で汁（お玉 1/2 ～ 1杯）を加えてなじませ、茹
　で上がったパスタを加えて混ぜ合わせる。

4 お皿に盛り、①をトッピングする。

いわし缶と万願寺唐辛子のパスタ

すだちを搾ることでさっぱりと食べやすくなります。

調理時間 ... **10分**　難易度 ... ★★★☆☆

材料（1人分）

パスタ…80g
いわし缶（味付）…1/2缶
万願寺唐辛子
（斜め切り）…1本
すだち…1/2個
醤油…小さじ1
オリーブオイル…大さじ1

鰹節…適量

作り方

　　パスタを茹で始める

1 フライパンにオリーブオイルと万願寺唐辛子を入れて炒
　める。火が通ったら汁気を切ったいわし缶を加えてサッ
　と炒め、醤油を加える。

2 茹で上がったパスタと茹で汁（お玉 1/2 杯程度）を加え
　て混ぜ合わせる。

3 お皿に盛り、すだちを搾る。鰹節とお好みですだちの輪切
　り（分量外）をトッピングする。

いわし缶のシチリア風パスタ

シンプルながらごちそう感のある一皿。
トマトやきのこをプラスしても◎

| 調理時間 | 20分 |
| 難易度 | ★★★☆☆ |

材料（1人分）

パスタ…80g
いわし缶（味付）…1/2缶
アンチョビフィレ…2枚
にんにく（みじん切り）…1かけ
イタリアンパセリ（細かく刻む）
　…適量
パン粉…適量
白ワイン…大さじ1
オリーブオイル…大さじ1

作り方

1　フライパンにオリーブオイル少々（分量外）とパン粉を入れて炒り、きつね色になったら取り出す。

　　パスタを茹で始める

2　①のフライパンにオリーブオイル、アンチョビ、にんにくを入れて弱火にかける。香りが立ったらいわし缶を加えてサッと炒め、白ワインを回し入れてアルコール分を飛ばす。

3　茹で上がったパスタと茹で汁（お玉1/2杯程度）、イタリアンパセリ（トッピング用に少し残す）を加えて混ぜ合わせる。

4　お皿に盛り、①とイタリアンパセリをトッピングする。

Point　カリカリに炒めたパン粉がポイント。食感のアクセントになります。

さんま缶となすのトマトパスタ

秋なすと合わせれば季節感のある一皿に。
刻んだしいたけの旨みが味を底上げしてくれます。

| 調理時間 | 25分 |
| 難易度 | ★★★☆☆ |

材料（1人分）

パスタ…80g
さんま缶（水煮）…1/2缶
なす（輪切り）…1/2本
しいたけ（みじん切り）…1個
トマト缶（カット）…100g
にんにく（みじん切り）…1かけ
オリーブオイル…適量
ブラックペッパー…適量

作り方

1 フライパンに多めのオリーブオイルを熱し、なすを揚げ焼きにして取り出す。フライパンには大さじ1程度のオイルを残す。

2 ①のフライパンににんにくを入れ余熱で温める。香りが立ってきたら火をつけ、しいたけを加えて炒める。

3 汁気を切ったさんま缶を加えて炒め、さらにトマト缶を加えてサッと炒め合わせる。

　　パスタを茹で始める

4 フライパンにパスタの茹で汁（お玉1/2〜1杯）を加えて弱火で煮詰める。

5 茹で上がったパスタ、①、オリーブオイル適量（分量外）を加えて混ぜ合わせる。

6 お皿に盛り、ブラックペッパーをトッピングする。

さんま缶とトマトのパスタ

塩昆布を加えると味が決まりやすくなります。

調理時間 ── 15分　難易度 ★★★☆☆

材料（1人分）

パスタ…80g
A ┌ さんま缶（味付）…1/2缶
　├ トマト（角切り）…1/2個
　└ 塩昆布…小さじ1
玉ねぎ（みじん切り）…1/8個

バター…5g
オリーブオイル…大さじ1
細ねぎ（小口切り）…適量

作り方

1 フライパンにオリーブオイルと玉ねぎを入れて弱火にかける。

　　パスタを茹で始める

2 玉ねぎがしんなりしたら A を加えて中火で炒める。火が通ったらパスタの茹で汁（お玉1/2〜1杯）を加えてなじませる。

3 茹で上がったパスタとバターを加えて混ぜ合わせる。

4 お皿に盛り、ねぎをトッピングする。

さんま缶といちじくの赤ワイン煮パスタ

赤ワインとバルサミコ酢が味のポイントです。

調理時間 ── 15分　難易度 ★★★☆☆

材料（1人分）

パスタ…80g
さんま缶（味付）…1/2缶
いちじく…1個
玉ねぎ（みじん切り）…1/8個
赤ワイン…大さじ2
バルサミコ酢…小さじ1

粉チーズ…10g
バター…5g
オリーブオイル…大さじ1
イタリアンパセリ（細かく刻む）…適量
ブラックペッパー…適量

作り方

1 フライパンにオリーブオイルと玉ねぎを入れ弱火にかける。

　　パスタを茹で始める

2 玉ねぎがしんなりしたら汁気を切ったさんま缶、一口大に切ったいちじくを加えて中火にし、さんまをほぐしながら炒める。

3 具材に火が通ったら、赤ワインとバルサミコ酢、パスタの茹で汁（お玉1/2〜1杯）を加えて煮詰める。

4 茹で上がったパスタ、バター、粉チーズを加えて混ぜ合わせる。

5 お皿に盛り、イタリアンパセリとブラックペッパーをトッピングする。

オイルサーディン

頭と内臓を取り除いたいわしをオイル漬けにしたものです。旨みが強くパスタと好相性。

オイルサーディンとキャベツのパスタ

オイルサーディンの旨みが味をまとめます。
お酒のおともにもぴったりです。

調理時間 — 10分
難易度 — ★★☆☆☆

材料 (1人分)

パスタ…80g
オイルサーディン…1/2缶
キャベツ (ざく切り) …50g
オリーブ (輪切り) …5個
にんにく (みじん切り) …1かけ
赤唐辛子 (輪切り) …適量
醤油…小さじ1
オリーブオイル…大さじ1
ブラックペッパー…適量

作り方

パスタを茹で始める

1 フライパンにオリーブオイルとにんにくを入れて弱火にかける。香りが立ったらオイルサーディン、オリーブ、唐辛子を加えてサッと火を通す。

2 キャベツはパスタが茹で上がる3分前に同じ鍋に加えて一緒に茹でる。

3 ①のフライパンに醤油を回し入れて炒め合わせ、パスタの茹で汁 (お玉1/2〜1杯) を加えて全体をなじませる。

4 茹で上がったパスタとキャベツを加えて混ぜ合わせる。

5 お皿に盛り、ブラックペッパーをトッピングする。

オイルサーディンと白菜のパスタ

隠し味にオイスターソースを加えてコクを出します。

| 調理時間 | 10分 | 難易度 | ★★☆☆☆ |

材料（1人分）

パスタ…80g
オイルサーディン…1/2缶
白菜（細切り）…50g
にんにく…1かけ
赤唐辛子（輪切り）…適量

オイスターソース…少々
オリーブオイル…大さじ1

作り方

1　フライパンにオリーブオイルと大きめに潰したにんにくを入れて弱火にかける。

> パスタを茹で始める

2　にんにくが色づいたら唐辛子、オイルサーディン、白菜を順に加えて炒める。白菜がしんなりしたらオイスターソースを加えて炒め合わせ、パスタの茹で汁（お玉1/2～1杯）を加えてなじませる。

3　茹で上がったパスタとオリーブオイル適量（分量外）を加えて混ぜ合わせる。

オイルサーディンと梅干しの和風パスタ

好みの薬味をたっぷりのせるのがおすすめです。

| 調理時間 | 10分 | 難易度 | ★★★☆☆ |

材料（1人分）

パスタ…80g
オイルサーディン…1/2缶
梅干し…1個
大葉（みじん切り）…3枚
みょうが（みじん切り）
　…1個

A ┌オイスターソース
　 …小さじ1
　└めんつゆ…小さじ1
オリーブオイル…大さじ1
細ねぎ（小口切り）…適量

作り方

> パスタを茹で始める

1　フライパンにオリーブオイルとオイルサーディンを入れて軽く炒める。種を除きペースト状にした梅干し、Aを加えてサッと炒め合わせる。

2　パスタの茹で汁（お玉1/2～1杯）を加えてなじませ、茹で上がったパスタ、大葉、みょうがを加えて混ぜ合わせる。

3　お皿に盛り、ねぎをトッピングする。

しらすとオクラの和風パスタ

白だし＋バターは万能な組み合わせ。

調理時間 — **10分**　難易度 — ★☆☆☆☆

材料（1人分）

パスタ…80g
しらす…15g
オクラ…3本
A ┌ バター…5g
　├ 白だし…大さじ 1/2
　├ オリーブオイル
　└ …大さじ 1
炒りごま…適量

作り方

　パスタを茹で始める

1　オクラはパスタと同じ鍋に加えてサッと茹で、食べやすい大きさに切る。

2　ボウルに **A** と①、パスタの茹で汁（大さじ 1 程度）を入れる。

3　茹で上がったパスタをボウルに加えて混ぜ合わせる。

4　お皿に盛り、しらすとごまをトッピングする。

しらすと枝豆のペペロンチーノ

枝豆は冷凍のものを使ってもOKです。

調理時間 — **10分**　難易度 — ★★☆☆☆

材料（1人分）

パスタ…80g
枝豆（茹でたもの）…適量
しらす…適量
にんにく（みじん切り）…1かけ
赤唐辛子…1本
オリーブオイル…大さじ 1

作り方

　パスタを茹で始める

1　フライパンにオリーブオイルとにんにく、唐辛子を入れて、弱火にかける。

2　にんにくの香りが立ったら枝豆を加えて軽く火を通す。

3　パスタの茹で汁（お玉 1/2 〜 1 杯）を加えてなじませる。

4　茹で上がったパスタとしらす、オリーブオイル適量（分量外）を加えて混ぜ合わせる。

しらすと大葉のオイルパスタ

卵黄をトッピングして絡めながらいただきます。

調理時間 — **10分**　　難易度 — ★★☆☆☆

材料（1人分）

パスタ…80g
しらす…15g
大葉（せん切り）…5枚
卵黄…1個
赤唐辛子（輪切り）…適量
白だし…小さじ1
オリーブオイル…大さじ1

作り方

　パスタを茹で始める

1　フライパンにオリーブオイルと唐辛子を入れて弱火にかける。しらす、白だしを加えて軽く火を通し、パスタの茹で汁（お玉1/2〜1杯）を加えてなじませる。

2　茹で上がったパスタとオリーブオイル適量（分量外）を加えて混ぜ合わせる。

4　お皿に盛り、大葉と卵黄をトッピングする。

しらすとキャベツのレモンオイルパスタ

しらすの塩気でキャベツの甘みが引き立ちます。

調理時間 — **10分**　難易度 — ★★☆☆☆

材料（1人分）

パスタ…80g
しらす…20g
キャベツ（ざく切り）…50g
にんにく（みじん切り）
　…1かけ

赤唐辛子（輪切り）…適量
レモン汁…大さじ1
オリーブオイル…大さじ1

作り方

　パスタを茹で始める

1　フライパンにオリーブオイルとにんにくを入れて弱火にかけ、香りが立ったら唐辛子を加えて辛みを出す。

2　キャベツはパスタが茹で上がる3分前に同じ鍋に加えて一緒に茹でる。

3　にんにくがきつね色になったら、パスタの茹で汁（お玉1/2〜1杯）を加えてなじませる。

4　茹で上がったパスタとキャベツ、しらす、レモン汁を加えて混ぜ合わせる。

5　お皿に盛り、お好みでレモンの輪切り（分量外）を添える。

Point　市販のレモン汁を使ってOKですが、フレッシュレモンを使うと格段に香りがよくなるのでおすすめです。

しらすと野沢菜の和風パスタ

シャキシャキとした野沢菜の食感がアクセント。

調理時間　10分

難易度　★☆☆☆☆

材料（1人分）

パスタ…80g
A
┌ しらす…20g
│ 野沢菜漬け…40g
│ めかぶ…40g
│ めんつゆ…小さじ1
│ オリーブオイル
└ 　…大さじ1
鰹節…適量

作り方

> パスタを茹で始める

1　ボウルに **A** を入れて混ぜる。

2　茹で上がったパスタと茹で汁（大さじ1程度）をボウルに加えて混ぜ合わせる。

3　お皿に盛り、鰹節をトッピングする。

Point めかぶにタレが付属している場合は **A** に加えてください。

しらすと乾燥わかめのペペロンチーノ

わかめはパスタを茹でるときに一緒に戻します。

調理時間　10分　　難易度　★★★☆☆

材料（1人分）

パスタ…80g
しらす…20g
乾燥わかめ…1g
にんにく（みじん切り）
　…1かけ
赤唐辛子…適量

オリーブオイル…大さじ1
かいわれ大根、炒りごま
　…各適量

作り方

> パスタを茹で始める

1　フライパンにオリーブオイルとにんにくを入れて弱火にかける。色が変わり始めたら唐辛子を加えて辛みを出し、パスタの茹で汁（お玉1/2〜1杯）を加えてなじませる。

2　乾燥わかめはパスタが茹で上がる3分前に同じ鍋に加えて一緒に茹でる。

3　茹で上がったパスタとわかめ、しらす、オリーブオイル適量（分量外）をフライパンに加えて混ぜ合わせる。

4　お皿に盛り、かいわれ大根とごまをトッピングする。

ちりめんじゃこのペペロンチーノ

ちりめんじゃこは乾煎りして風味を引き出します。

調理時間 ─ **15分**　　**難易度** ─ ★★★☆☆

材料（1人分）

パスタ…80g
ちりめんじゃこ…20g
にんにく（みじん切り）
　…1かけ

赤唐辛子（輪切り）…適量
オリーブオイル…大さじ1
乾燥パセリ…適量

作り方

1　フライパンにちりめんじゃこを入れて強火で乾煎りし、乾いた音がするようになったら取り出す。トッピング用に少し取り分けておく。

　　パスタを茹で始める

2　①のフライパンにオリーブオイルとにんにくを入れ、弱火にかける。香りが立ったら唐辛子と①を加えて炒める。

3　にんにくがきつね色になったらパスタの茹で汁（お玉1/2〜1杯）とパセリを加えてなじませ、茹で上がったパスタとオリーブオイル適量（分量外）を加えて混ぜ合わせる。

4　お皿に盛り、トッピングのちりめんじゃことパセリをのせる。

ちりめんじゃこと長ねぎのパスタ

長ねぎは焼き色がつくまでよく焼きましょう。

調理時間 ─ **10分**　　**難易度** ─ ★★☆☆☆

材料（1人分）

パスタ…80g
ちりめんじゃこ…15g
長ねぎ（斜め切り）
　…1/3本

アンチョビフィレ…2枚
赤唐辛子（輪切り）…適量
オリーブオイル…大さじ1

作り方

　　パスタを茹で始める

1　フライパンにちりめんじゃこと長ねぎを入れて強火で熱し、長ねぎに焼き色がついたら取り出す。ちりめんじゃこはトッピング用に少し取り分けておく。

2　①のフライパンにオリーブオイルとアンチョビを入れ余熱で熱しながらほぐす。①のちりめんじゃこと長ねぎ、唐辛子を入れて火をつけ、しっかり炒める。

3　パスタの茹で汁（お玉1/2〜1杯）を加えてなじませ、茹で上がったパスタとオリーブオイル適量（分量外）を加えて混ぜ合わせる。

4　お皿に盛り、トッピング用のちりめんじゃこをのせる。

少し入れるだけでも燻製の香りをまとった深みのあるパスタになります。

サーモンとアスパラのレモンクリームパスタ

サーモンと相性のよいディルを使うのがポイント。

調理時間 15分　　難易度 ★★★☆☆

材料（1人分）

パスタ…80g
スモークサーモン…40g
玉ねぎ（薄切り）…1/8個
アスパラガス…2本
レモン汁…1/2個分
レモンの皮（細かく刻む）
　…1/8個分

オリーブオイル…大さじ1
┌ 生クリーム…100ml
│ クリームチーズ…15g
A ディル（細かく刻む）
└ …適量

作り方

1　フライパンにオリーブオイルと玉ねぎを入れて弱火で炒める。

　　パスタを茹で始める

2　玉ねぎが透き通ったら、食べやすい長さに切ったアスパラガスを加えて焼き色がつくまで炒める。

3　Aとパスタの茹で汁（お玉1杯程度）を加え、クリームチーズが溶けるまで混ぜる。茹で上がったパスタ、スモークサーモン、レモン汁、レモンの皮を加えて混ぜ合わせる。

4　お皿に盛り、ディル（分量外）をトッピングし、お好みでレモンの輪切り（分量外）をのせる。

スモークサーモンとめかぶのパスタ

サーモンは和風パスタにもよく合います。

混ぜるだけ

調理時間 10分
難易度 ★☆☆☆☆

材料（1人分）

パスタ…80g
┌ スモークサーモン…30g
│ めかぶ…40g
A キムチ…20g
│ 粉チーズ…大さじ1
└ オリーブオイル…大さじ1
細ねぎ（小口切り）…適量

作り方

　　パスタを茹で始める

1　ボウルにAを入れて混ぜる。

2　茹で上がったパスタと茹で汁（大さじ1程度）を加えて混ぜ合わせる。

3　お皿に盛り、ねぎをトッピングする。

Point　めかぶは味付タイプを使っています。付属のタレがある場合は、Aに加えてください。

桜えびとしらすのペペロンチーノ

桜えびのピンク色で華やかな仕上がりになります。

| 調理時間 | **10分** | 難易度 | ★★★☆☆ |

材料（1人分）

パスタ…80g
乾燥桜えび…5g
しらす…15g
にんにく（みじん切り）
　…1かけ

イタリアンパセリ
（細かく刻む）…適量
赤唐辛子（輪切り）…適量
オリーブオイル…大さじ1

作り方

> パスタを茹で始める

1 フライパンに桜えびを入れて乾煎りし、香りが立ったら取り出す。

2 ①のフライパンにオリーブオイルとにんにくを入れ、余熱で香りを立たせる。再度火をつけて桜えび（トッピング用に少し残す）を戻し入れ、しらす、唐辛子を加える。

3 パスタの茹で汁（お玉1/2〜1杯）を加えてなじませる。茹で上がったパスタ、イタリアンパセリ（トッピング用に少し残す）、オリーブオイル適量（分量外）を加えて混ぜ合わせる。

4 お皿に盛り、トッピング用の桜えびとイタリアンパセリをのせる。

桜えび

炒めて使うと香ばしさと旨みが引き立ちます。

桜えびとパクチーのペペロンチーノ

ナンプラーやパクチーを使ってエスニック風に。

| 調理時間 | **15分** | 難易度 | ★★★☆☆ |

材料（1人分）

パスタ…80g
桜えび…20g
パクチー（ざく切り）…適量
玉ねぎ（みじん切り）
　…1/8個
にんにく（みじん切り）
　…1かけ

赤唐辛子（輪切り）…適量
ナンプラー…小さじ2
レモン汁…小さじ2
オリーブオイル…大さじ1
糸唐辛子…適量

作り方

1 フライパンにオリーブオイルとにんにくを入れて弱火にかける。香りが立ったら玉ねぎを加えて炒める。

> パスタを茹で始める

2 玉ねぎがしんなりしたら、赤唐辛子を加えて辛みを出す。桜えびを加えてサッと炒め、ナンプラーとパスタの茹で汁（お玉1/2〜1杯）を加えてなじませる。

3 茹で上がったパスタとパクチー（トッピング用に少し残す）、レモン汁、オリーブオイル適量（分量外）を加えて混ぜ合わせる。

4 お皿に盛り、パクチー、糸唐辛子、お好みでレモンの輪切り（分量外）をトッピングする。

たらこ・明太子

混ぜるだけでもおいしいパスタの具材の王道。アレンジしやすいのも魅力です。

たらこパスタ

誰でもおいしく作れる基本のたらこパスタ。

| 調理時間 | **10分** |
| 難易度 | ★☆☆☆☆ |

混ぜるだけ

材料（1人分）

パスタ…80g
┌ たらこ…30g
│ バター…15g
A めんつゆ…小さじ1
└ レモン汁…適量
大葉（せん切り）、刻み海苔…各適量

作り方

パスタを茹で始める

1　ボウルに **A** を入れて混ぜる（たらこは薄皮から出す）。
2　茹で上がったパスタと茹で汁（大さじ1程度）を加えて混ぜ合わせる。
3　お皿に盛り、大葉と海苔をトッピングする。

Point めんつゆではなく、醤油や白だしを使ってもOK。

たらこキムチパスタ

めかぶも入った食べ応えのあるたらこパスタです。

| 調理時間 | **10分** |
| 難易度 | ★☆☆☆☆ |

混ぜるだけ

材料（1人分）

パスタ…80g
┌ たらこ…40g
│ めかぶ…20g
A キムチ…15g
│ 醤油…小さじ1/2
└ バター…15g
細ねぎ（小口切り）…適量

作り方

パスタを茹で始める

1　ボウルに **A** を入れて混ぜる（たらこは薄皮から出す）。
2　茹で上がったパスタと茹で汁（大さじ1程度）を加えて混ぜ合わせる。
3　お皿に盛り、ねぎをトッピングする。

Point めかぶにタレが付属している場合は **A** に加えてください。

梅しそたらこパスタ

梅干しペーストをトッピングしたさっぱりアレンジ。

混ぜるだけ

| 調理時間 | 10分 |
| 難易度 | ★☆☆☆☆ |

材料（1人分）

パスタ…80g
梅干し…1個
A ┌ たらこ…30g
  │ 生クリーム…大さじ2
  │ バター…15g
  └ 白だし…小さじ1

大葉（せん切り）、炒りごま、
刻み海苔…各適量

作り方

パスタを茹で始める

1 ボウルに**A**とパスタの茹で汁（大さじ1程度）を入れて混ぜる（たらこは薄皮から出す）。

2 茹で上がったパスタを加えて混ぜ合わせる。

3 お皿に盛り、たらこ（分量外）、種を除きペースト状にした梅干し、大葉、ごま、海苔をトッピングする。

Point 梅干しはしそ漬けがおすすめ。はちみつ梅のような甘いものは相性があまりよくありません。

焼きたらこパスタ

たらこの表面を焼くことで香ばしさをプラス。

| 調理時間 | 10分 | 難易度 | ★★★☆☆ |

材料（1人分）

パスタ…80g
たらこ…40g
牛乳…大さじ1と1/2
だし醤油…小さじ1
バター…15g

大葉（せん切り）、刻み海苔
…各適量

作り方

1 たらこはトッピング用に少し取り分ける。フライパンにバターを熱し、トッピング用のたらこを焼いて取り出す。

パスタを茹で始める

2 ①のバターが褐色になったら火を止め、牛乳とだし醤油を加える。

3 茹で上がったパスタと茹で汁（大さじ1程度）、薄皮から出したたらこを加えて混ぜ合わせる。

4 お皿に盛り、①、大葉、海苔をトッピングする。

和風たらこカルボナーラ

七味唐辛子で味を引き締めるのがおすすめです。

| 調理時間 | 10分 | 難易度 | ★★★☆☆ |

材料（1人分）

パスタ…80g
たらこ…40g
A ┌ 卵黄…1個
  │ 細ねぎ（小口切り）、
  │ 刻み海苔、炒りごま、
  └ 七味唐辛子…各適量
生クリーム…100ml

めんつゆ…小さじ1
バター…15g

作り方

> **パスタを茹で始める**

1 フライパンにバターを熱して溶かし、生クリーム、めんつゆ、パスタの茹で汁（お玉1/2～1杯）を加えて弱火で煮詰める。
2 茹で上がったパスタと薄皮から出したたらこを加えて混ぜ合わせる。
3 お皿に盛り、**A**をトッピングする。

たらこの温玉クリームパスタ

まろやかなたらこクリームに黄身がとろりととろけます。

| 調理時間 | 10分 | 難易度 | ★★★☆☆ |

材料（1人分）

パスタ…80g
たらこ…30g
大葉（みじん切り）…3枚
温泉卵…1個
生クリーム…100ml
醤油…小さじ1
バター…15g

刻み海苔…適量
ブラックペッパー…適量

作り方

> **パスタを茹で始める**

1 フライパンにバターを熱し、溶けたら生クリームを加える。ひと煮立ちしたら火を止め、醤油を加えて混ぜる。
2 茹で上がったパスタと茹で汁（お玉1/2杯程度）、薄皮から出したたらこ、大葉を加えて混ぜ合わせる。とろみがつくまで混ぜながら加熱する。
3 お皿に盛り、温泉卵、たらこ（分量外）、大葉（せん切り・分量外）、海苔、ブラックペッパーをトッピングする。

> *Point* 大葉は細かく刻んで混ぜ込むことで、香りをバランスよく楽しむことができます。

明太焦がしバターパスタ

バターが褐色になるまで加熱して風味を引き出します。

| 調理時間 | 10分 | 難易度 | ★★☆☆☆ |

材料（1人分）

パスタ…80g
明太子…30g
A ┌醤油…小さじ1
 └生クリーム…大さじ2
バター…15g

大葉（せん切り）、刻み海苔
　…各適量

作り方

パスタを茹で始める

1 フライパンにバターを入れて弱火にかけ、褐色になったら火を止めて **A** を加えて混ぜる。

2 茹で上がったパスタと茹で汁（お玉1/2杯程度）、薄皮から出した明太子を加えて混ぜ合わせる。

3 お皿に盛り、明太子（分量外）、大葉、海苔をトッピングする。

明太子といくらのパスタ

いくらをトッピングするだけで一気に華やかに。

混ぜるだけ

| 調理時間 | 10分 |
| 難易度 | ★☆☆☆☆ |

材料（1人分）

パスタ…80g
A ┌明太子…30g
 ├生クリーム…大さじ2
 ├だし醤油…小さじ1/2
 └バター…15g
いくら、大葉（せん切り）、炒りごま…各適量

作り方

パスタを茹で始める

1 ボウルに **A** とパスタの茹で汁（大さじ1程度）を入れて混ぜる（明太子は薄皮から出す）。

2 茹で上がったパスタを加えて混ぜ合わせる。

3 お皿に盛り、いくら、大葉、ごまをトッピングする。

> **Point** いくらに塩気があるので、ベースとなる明太子ソースはやや塩分控えめにしてバランスを取ります。

明太子といかのパスタ

お好みでレモン汁を多めに搾ると爽やかさが増します。

調理時間 ── 10分　難易度 ── ★★☆☆☆

材料（1人分）

パスタ…80g
いか（輪切り）…30g
明太子…30g
白ワイン…大さじ1
醤油…大さじ1/2
レモン汁…適量

バター…5g
オリーブオイル…大さじ1
大葉（せん切り）…適量

作り方

パスタを茹で始める

1 フライパンにオリーブオイルといかを入れてサッと加熱し、いかの色が変わったら白ワインを回し入れてアルコール分を飛ばす。

2 醤油とパスタの茹で汁（お玉1/2〜1杯）を加えてなじませる。

3 茹で上がったパスタ、薄皮から出した明太子、レモン汁、バターを加えて混ぜ合わせる。

4 お皿に盛り、大葉をトッピングする。

Point ─ 醤油は白だしやめんつゆに変えてもおいしくできます。

明太チーズクリームパスタ

クリームチーズを煮溶かしてソースにします。

調理時間 ── 10分　難易度 ── ★★★☆☆

材料（1人分）

パスタ…80g
明太子…40g
クリームチーズ…20g
生クリーム…100ml
バター…15g

大葉（せん切り）、刻み海苔、
炒りごま…各適量

作り方

パスタを茹で始める

1 フライパンにバターを入れて弱火にかけ、溶けたらクリームチーズと生クリームを加えてよく混ぜる。

2 パスタの茹で汁（お玉1/2〜1杯）を加え、チーズが完全に溶けるまで混ぜる。

3 茹で上がったパスタと薄皮から出した明太子を加え、とろみがつくまで混ぜながら加熱する。

4 お皿に盛り、明太子（分量外）、大葉、海苔、ごまをトッピングする。

かに缶トマトクリームパスタ

かに缶を使ったちょっと贅沢な一皿です。

| 調理時間 | 20分 | 難易度 | ★★★☆☆ |

材料（1人分）

パスタ…80g
┌ かに缶…50g
A トマト缶（カット）
└ …150g
マッシュルーム（薄切り）
　…2個
にんにく（みじん切り）
　…1かけ

生クリーム…50ml
赤唐辛子（輪切り）…適量
白ワイン…大さじ1
オリーブオイル…大さじ1
塩…ひとつまみ
イタリアンパセリ
（細かく刻む）…適量

作り方

1 フライパンにオリーブオイルとにんにくを入れて弱火にかける。

2 にんにくの香りが立ったら、唐辛子とマッシュルームを加えて炒める。火が通ったら白ワインを回し入れてアルコール分を飛ばし、Aと塩を加えて煮詰める。

　パスタを茹で始める

3 フライパンの火を止め、生クリームと茹で上がったパスタを加えて混ぜ合わせる。

4 お皿に盛り、イタリアンパセリをトッピングする。

Point 煮詰めている間に水分が少なくなりすぎたら、適宜茹で汁を加えて調整してください。

いかの塩辛とめかぶのパスタ

めかぶのとろみで具がパスタによく絡みます。

 混ぜるだけ

| 調理時間 | 10分 |
| 難易度 | ★☆☆☆☆ |

材料（1人分）

パスタ…80g
┌ いかの塩辛…40g
│ めかぶ…40g
│ きゅうり（粗みじん切り）
│ 　…1/3本
A 大葉（みじん切り）…3枚
│ 塩昆布…小さじ1/2
│ めんつゆ…小さじ1/2
└ オリーブオイル…大さじ1

細ねぎ（小口切り）、
刻み海苔、炒りごま
…各適量

作り方

　パスタを茹で始める

1 ボウルにAを入れて混ぜる。

2 茹で上がったパスタと茹で汁（大さじ1程度）を加えて混ぜ合わせる。

3 お皿に盛り、ねぎ、海苔、ごまをトッピングする。

Point めかぶにタレが付属している場合は、Aに加えてください。

海苔といかの塩辛のクリームパスタ

塩辛の旨みと磯の香りがしっかり味わえます。

調理時間 — 10分　難易度 — ★★★☆☆

材料（1人分）

パスタ…80g
いかの塩辛…40g
焼き海苔…全形1枚
バター…10g
生クリーム…70ml

作り方

パスタを茹で始める

1　フライパンにバターを熱し、溶けたら塩辛を加えて弱火
　　〜中火で1分ほど炒める。

2　パスタの茹で汁（お玉1杯程度）を加えてなじませ、細か
　　くちぎった海苔を加えて溶かしながら煮詰める。

3　パスタが茹で上がる直前に、②に生クリームを加える。

4　茹で上がったパスタを加えて、とろみがつくまで混ぜな
　　がら加熱する。

Point　焼き海苔はパッケージに「初摘み」「一番摘み」と書かれたも
のがおすすめです。

あおさ海苔とすりごまのペペロンチーノ

味噌汁の具の定番であるあおさ海苔を活用します。

調理時間 — 10分　難易度 — ★★☆☆☆

材料（1人分）

パスタ…80g
乾燥あおさ海苔…4g
にんにく（みじん切り）…1かけ
すりごま…大さじ1
赤唐辛子…1本
オリーブオイル…大さじ1

作り方

パスタを茹で始める

1　あおさは水で戻しておく。フライパンにオリーブオイルと
　　にんにくを入れて弱火にかける。

2　にんにくが色づき始めたら、唐辛子を加えて辛みを出す。

3　パスタの茹で汁（お玉1/2〜1杯）を加えてなじませる。

4　茹で上がったパスタと、水気を切ったあおさ、すりごまを
　　加えて混ぜ合わせる。

Point　あおさ海苔の繊細な風味を生かすには、主張の強すぎない食
材を合わせるのがおすすめです。

Part 05

卵・納豆 のパスタ

たんぱく質がとれてお財布にもやさしい
卵と納豆は、パスタにも使いやすい食材。
卵を使ったパスタは、
4種類のカルボナーラアレンジを、
納豆のパスタは定番の和風から
ミートソース、クリームまで19品を紹介。
意外な組み合わせにもぜひ挑戦を！
きっとお気に入りの味に出合えます。

生姜カルボナーラ

濃厚さはありつつも、さっぱり感もありクセになります。

調理時間 — 15分　　難易度 — ★★★☆☆

材料（1人分）

パスタ…80g
ベーコン（短冊切り）
　…30g
生姜（すりおろし）
　…小さじ2
白ワイン…大さじ1

　┌ 全卵、卵黄…各1個
　│ 生クリーム…20ml
A│ 粉チーズ…15g
　└ ブラックペッパー…適量
オリーブオイル…大さじ1
刻み生姜…適量

作り方

1　Aは混ぜ合わせておく。

　　パスタを茹で始める

2　フライパンにオリーブオイルを熱し、ベーコンを炒める。焼き色がついたら生姜を加え、油となじませながら軽く火を入れる。白ワインを加え、アルコール分を飛ばす。

3　茹で上がったパスタと茹で汁（お玉1/2杯程度）を加えて混ぜる。火を消してから①を加え、再度火をつけてとろみがつくまで混ぜながら弱火で加熱する。

4　お皿に盛り、刻み生姜とブラックペッパー（分量外）をトッピングする。

トマトカルボナーラ

トマトの酸味が加わることでさっぱりとした味わいに。

調理時間 — 15分

難易度 — ★★★☆☆

材料（1人分）

パスタ…80g
ベーコン（短冊切り）
　…30g
万能トマトソース
（P20参照）…60g

　┌ 卵黄…2個
A│ 粉チーズ…20g
　└ ブラックペッパー…適量
オリーブオイル
　…大さじ1

作り方

1　フライパンにオリーブオイルを熱し、ベーコンを炒める。焼き色がついたらトマトソースを加えて煮詰める。

　　パスタを茹で始める

2　Aは混ぜ合わせておく。

3　フライパンに茹で上がったパスタと茹で汁（お玉1/2杯程度）を加えて混ぜる。火を消してから②を加えて素早く混ぜ合わせる。

4　お皿に盛り、ブラックペッパー（分量外）をトッピングする。

韓国カフェ風カルボナーラ

おうちで韓国カフェ気分が味わえるピリ辛アレンジ。

調理時間 ― 15分

難易度 ― ★★★☆☆

材料（1人分）

パスタ…80g
ベーコン（短冊切り）
　…30g
玉ねぎ（薄切り）
　…1/8個
A ┌ 卵黄…1個
　├ 細ねぎ（小口切り）、
　├ 炒りごま、粉唐辛子
　└ …各適量

コチュジャン…小さじ1
生クリーム…100ml
粉チーズ…20g
オリーブオイル…大さじ1
ブラックペッパー…適量

作り方

1 フライパンにオリーブオイル、ベーコン、玉ねぎを入れて炒める。

　　　パスタを茹で始める

2 玉ねぎに火が通ったらコチュジャンを加えてなじませ、生クリームとパスタの茹で汁（お玉1杯程度）を加えて煮詰める。途中でブラックペッパーを加える。

3 パスタは茹で上がる直前にフライパンに移す。粉チーズを加え、とろみがつくまで混ぜながら中火で煮詰める。

4 お皿に盛り、**A** をトッピングする。

クリーミーカルボナーラ

生クリームを使ったまろやかなカルボナーラ。

調理時間 ― 10分

難易度 ― ★★★☆☆

材料（1人分）

パスタ…80g
ベーコン（短冊切り）
　…30g
A ┌ 全卵…1個
　├ 粉チーズ…20g
　├ ブラックペッパー
　└ 　…適量

生クリーム…50ml
白ワイン…大さじ1
オリーブオイル…大さじ1

作り方

　　　パスタを茹で始める

1 **A** は混ぜ合わせておく。フライパンにオリーブオイルとベーコンを入れて炒め、焼き色がついたら白ワインを加え、アルコール分を飛ばす。

2 生クリームを加えてひと煮立ちさせ、茹で汁（お玉1/2〜1杯）を加えてなじませる。

3 茹で上がったパスタを加えて混ぜる。火を消してから①の卵液 **A** を加え、再度火をつけてとろみがつくまで混ぜながら弱火で加熱する。

4 お皿に盛り、ブラックペッパー（分量外）をトッピングする。

Point 作り方③で卵液を加える前に火を止めることで、フライパンの温度が下がってダマになりにくくなります。

たらこと納豆のパスタ

トッピングのたらこは表面をサッと焼き風味をアップ！

| 調理時間 | **10分** |
| 難易度 | **★☆☆☆☆** |

材料（1人分）

パスタ…80g
納豆…1パック
納豆のタレ…1袋
A ┌たらこ…30g
　├生クリーム…大さじ2
　└バター…15g

B ┌卵黄…1個
　├大葉（せん切り）、
　│炒りごま、刻み海苔
　└…各適量

作り方

> パスタを茹で始める

1 ボウルに **A** を入れて混ぜ合わせる（たらこは薄皮から出す）。

2 茹で上がったパスタをボウルに加えて混ぜ合わせる。

3 お皿に盛り、タレと混ぜ合わせた納豆、**B**、表面をサッと焼いたたらこ（分量外）をトッピングする。

納豆と大葉のバター醤油パスタ

シンプルなのに後を引くおいしさ。

| 調理時間 | **10分** |
| 難易度 | **★☆☆☆☆** |

材料（1人分）

パスタ…80g
A ┌納豆…1パック
　├納豆のタレ…1袋
　├オリーブオイル
　│　…大さじ1
　├バター…5g
　└醤油…小さじ1

大葉（せん切り）、刻み海苔
…各適量

作り方

> パスタを茹で始める

1 ボウルに **A** とパスタの茹で汁（大さじ1程度）を入れて混ぜる。

2 茹で上がったパスタをボウルに加えて混ぜ合わせる。

3 お皿に盛り、大葉と海苔をトッピングする。

納豆ミートソースパスタ

意外な組み合わせですがハマること間違いなし！

調理時間 —— 15分　難易度 —— ★★★☆☆

材料（1人分）

パスタ…80g
合いびき肉…60g
A ┌ 納豆…1パック
　│ 玉ねぎ（みじん切り）
　└ 　…1/8個
にんにく（みじん切り）
　…1かけ
赤ワイン…大さじ2

B ┌ ケチャップ…大さじ1
　│ トマトペースト
　│ 　…大さじ1
　└ 味噌…小さじ1
粉チーズ…大さじ1
オリーブオイル…大さじ1
ブラックペッパー…適量

作り方

1　フライパンにオリーブオイルとにんにくを入れて弱火にかける。香りが立ったら A を加えて5分ほど炒めて取り出す。

　　パスタを茹で始める

2　①のフライパンにひき肉を入れて焼く。片面に焼き色がついたら裏返してほぐし、①を戻し入れて炒め合わせる。赤ワインを加えて中身を端に寄せ、空いたスペースに B を

入れて軽く炒めてから全体を混ぜ合わせる。

3　パスタの茹で汁（お玉1/2～1杯）を加えてなじませ、茹で上がったパスタ、粉チーズを加えて混ぜ合わせる。

4　お皿に盛り、ブラックペッパーと粉チーズ（分量外）をトッピングする。

カリカリベーコンと納豆のパスタ

キムチも入って食べ応え抜群です。

調理時間 —— 15分

難易度 —— ★☆☆☆☆

材料（1人分）

パスタ…80g
ベーコン（短冊切り）…15g
A ┌ 納豆…1パック
　│ 納豆のタレ…1袋
　│ キムチ…適量
　└ バター…10g

卵…1個
細ねぎ（小口切り）…適量
オリーブオイル…大さじ1

作り方

　　パスタを茹で始める

1　フライパンにオリーブオイルとベーコンを入れ、カリカリになるまで焼いて取り出す。同じフライパンで目玉焼きを作る。

2　ボウルに①のベーコンと A を入れて混ぜ合わせる。

3　茹で上がったパスタと茹で汁（大さじ1程度）をボウルに加えて混ぜ合わせる。

4　お皿に盛り、①の目玉焼きとねぎをトッピングする。

悪魔のネバネバ納豆パスタ

塩昆布やバターを加えた、やみつきになる絶品納豆パスタです。

調理時間　10分
難易度　★☆☆☆☆

材料（1人分）

パスタ…80g
オクラ…3本
A┌納豆…1パック
　│納豆のタレ…1袋
　│オリーブオイル
　│　…大さじ1
　│塩昆布…小さじ1
　└バター…5g
卵黄…1個
刻み海苔…適量

作り方

パスタを茹で始める

1　オクラはパスタと一緒にサッと茹で、小口切りにする。
2　ボウルに**A**とパスタの茹で汁（大さじ1程度）、①を入れて混ぜる。
3　茹で上がったパスタをボウルに加えて混ぜ合わせる。
4　お皿に盛り、卵黄と海苔をトッピングする。

悪魔の納豆パスタwithしば漬け

しば漬けのほどよい酸味と食感がクセになります。

調理時間　10分
難易度　★☆☆☆☆

材料（1人分）

パスタ…80g
A┌納豆…1パック
　│納豆のタレ…1袋
　│オリーブオイル
　│　…大さじ1
　│塩昆布…小さじ1
　└バター…5g
B┌卵黄…1個
　│しば漬け…適量
　│細ねぎ（小口切り）、
　└炒りごま…各適量

作り方

パスタを茹で始める

1　ボウルに**A**とパスタの茹で汁（大さじ1程度）を入れて混ぜる。
2　茹で上がったパスタをボウルに加えて混ぜ合わせる。
3　お皿に盛り、**B**をトッピングする。

悪魔の柿の種納豆パスタ

柿の種は食感を生かすため、最後に加えて。

調理時間　10分
難易度　★☆☆☆☆

材料（1人分）

パスタ…80g
A┌キムチ…適量
　│納豆…1パック
　│納豆のタレ…1袋
　│オリーブオイル
　│　…大さじ1
B┌卵黄…1個
　│柿の種…適量
　│細ねぎ（小口切り）、
　└炒りごま…各適量

作り方

パスタを茹で始める

1　ボウルに**A**とパスタの茹で汁（大さじ1程度）を入れて混ぜ合わせる。
2　茹で上がったパスタをボウルに加えて混ぜ合わせる。
4　お皿に盛り、**B**をトッピングする。

焼きしめじの納豆パスタ

しめじは素焼きにすることで風味がよくなります。

| 調理時間 | 10分 |
| 難易度 | ★☆☆☆☆ |

材料（1人分）

パスタ…80g
しめじ…50g
納豆…1パック
納豆のタレ…1袋
┌バター…10g
A└醤油…小さじ1
細ねぎ（小口切り）
　…適量

作り方

1 アルミホイルにほぐしたしめじを並べ、グリルやトースターで8分焼く。納豆はタレを加えてよく混ぜておく。

　パスタを茹で始める

2 ボウルに茹で上がったパスタ、茹で汁（大さじ1程度）、Aを入れて混ぜ合わせる。

3 お皿に盛り、納豆、①のしめじ、ねぎをトッピングする。

ちりめんじゃこと納豆のパスタ

ちりめん山椒を使うのもおすすめです。

混ぜるだけ

| 調理時間 | 10分 |
| 難易度 | ★☆☆☆☆ |

材料（1人分）

パスタ…80g
ちりめんじゃこ…適量
┌納豆…1パック
│納豆のタレ…1袋
A│オリーブオイル
│　…大さじ1
│だし醤油
└　…大さじ1/2
細ねぎ（小口切り）
　…適量

作り方

　パスタを茹で始める

1 ボウルにAとパスタの茹で汁（大さじ1程度）を入れて混ぜる。

2 茹で上がったパスタをボウルに加えて混ぜ合わせる。

3 お皿に盛り、ちりめんじゃことねぎをトッピングする。

みょうがと大葉の納豆パスタ

薬味たっぷりのさっぱり味！冷製パスタにしても◎。

混ぜるだけ

| 調理時間 | 10分 |
| 難易度 | ★☆☆☆☆ |

材料（1人分）

パスタ…80g
┌納豆…1パック
│納豆のタレ…1袋
│みょうが（せん切り）
│　…1個
A│大葉（せん切り）
│　…5枚
│オリーブオイル
│　…大さじ1
└だし醤油…小さじ1

作り方

　パスタを茹で始める

1 ボウルにAとパスタの茹で汁（大さじ1程度）を入れて混ぜる。みょうがと大葉はトッピング用に少し残す。

2 茹で上がったパスタをボウルに加えて混ぜ合わせる。

3 お皿に盛り、トッピング用のみょうがと大葉をのせる。

天かす納豆パスタ

サクサクした天かすの食感がアクセントになります。

混ぜるだけ　調理時間 — 10分
難易度　★☆☆☆☆

材料（1人分）

パスタ…80g
┌ 納豆…1パック
│ 納豆のタレ…1袋
A バター…10g
│ 塩昆布…小さじ1
└ 醤油…小さじ1/2
卵黄…1個
┌ 天かす…適量
B 細ねぎ（小口切り）、
└ 鰹節、炒りごま…各適量

作り方

パスタを茹で始める

1　ボウルに **A** とパスタの茹で汁（大さじ1程度）を入れて混ぜる。

2　茹で上がったパスタをボウルに加えて混ぜ合わせる。

3　お皿に盛り、**B** をトッピングする。

きのことベーコンの納豆パスタ

きのこはいくつかの種類を混ぜて使うのがおすすめ。

調理時間 — 10分
難易度　★★☆☆☆

材料（1人分）

パスタ…80g
納豆…1パック
納豆のタレ…1袋
ベーコン（短冊切り）…30g
┌ しめじ…30g
A └ しいたけ（薄切り）…1個
めんつゆ…小さじ1
バター…5g
オリーブオイル…小さじ2
細ねぎ（小口切り）…適量

作り方

1　フライパンにオリーブオイルを熱し、ベーコン、**A** を順に加えて炒める。

パスタを茹で始める

2　①に火が通ったらめんつゆを加えてサッと絡め、納豆、納豆のタレを加えて炒め合わせる。

3　パスタの茹で汁（お玉1/2〜1杯）を加えてなじませ、茹で上がったパスタとバターを加えて混ぜ合わせる。

4　お皿に盛り、ねぎをトッピングする。

しらすとみょうがの納豆パスタ

しらすはこんもりと多めにのせるのが◎。

混ぜるだけ　調理時間 — 10分
難易度　★☆☆☆☆

材料（1人分）

パスタ…80g
しらす…適量
┌ 納豆…1パック
│ 納豆のタレ…1袋
│ みょうが（みじん切り）
A │ …1個
│ バター…15g
└ めんつゆ…小さじ1
細ねぎ（小口切り）、
刻み海苔、炒りごま
　…各適量

作り方

パスタを茹で始める

1　ボウルに **A** とパスタの茹で汁（大さじ1程度）を入れて混ぜる。

2　茹で上がったパスタをボウルに加えて混ぜ合わせる。

3　お皿に盛り、しらす、ねぎ、海苔、ごまをトッピングする。

ゴーヤとキムチの納豆パスタ

ゴーヤのほろ苦さ、キムチの酸味と辛みが混ざり合います。

調理時間 —— 10分
難易度 —— ★★★☆☆

材料（1人分）

パスタ…80g
納豆…1パック
納豆のタレ…1袋
ゴーヤ…1/4本
キムチ…20g
塩昆布…小さじ1
バター…5g
オリーブオイル
　…大さじ1
炒りごま…適量

作り方

1　ゴーヤはワタを取って薄切りにし、塩水にさらして水気を切る。

パスタを茹で始める

2　フライパンにオリーブオイルを熱し、①を加えて1分ほど炒める。キムチ、納豆と納豆のタレの順に炒め合わせ、パスタの茹で汁（お玉1/2〜1杯）と塩昆布を加えてなじませる。

3　茹で上がったパスタとバターを加えて混ぜ合わせる。

4　お皿に盛り、ごまをトッピングする。

キムたく納豆パスタ

たくあんで食感の変化と甘さをプラス。

混ぜるだけ

調理時間 —— 10分
難易度 —— ★☆☆☆☆

材料（1人分）

パスタ…80g
┌ 納豆…1パック
├ 納豆のタレ…1袋
A たくあん…適量
├ キムチ…適量
└ バター…10g
卵黄…1個
細ねぎ（小口切り）、
炒りごま…各適量

作り方

パスタを茹で始める

1　たくあんとキムチは食べやすい大きさに刻む。ボウルに**A**とパスタの茹で汁（大さじ1程度）を入れて混ぜる。

2　茹で上がったパスタをボウルに加えて混ぜ合わせる。

3　お皿に盛り、卵黄、ねぎ、ごまをトッピングする。

めかぶとキムチの納豆パスタ

納豆にネバネバ食材のめかぶを合わせました。

混ぜるだけ

調理時間 —— 10分
難易度 —— ★☆☆☆☆

材料（1人分）

パスタ…80g
┌ 納豆…1パック
├ 納豆のタレ…1袋
├ めかぶ…40g
A キムチ…25g
├ めんつゆ…小さじ1/2
├ 塩昆布…小さじ1
└ バター…10g
鰹節、刻み海苔
　…各適量

作り方

パスタを茹で始める

1　ボウルに**A**を入れて混ぜる。

2　茹で上がったパスタと茹で汁（大さじ1程度）をボウルに加えて混ぜ合わせる。

3　お皿に盛り、鰹節と海苔をトッピングする。

Point　めかぶは味付タイプを使っています。付属のタレがある場合は、**A**に加えてください。

納豆クリームパスタ

生クリームと納豆は意外と相性のよい組み合わせです。

 混ぜるだけ

調理時間	10分
難易度	★☆☆☆☆

材料（1人分）

パスタ…80g
納豆…1パック
納豆のタレ…1袋
┌ 生クリーム…大さじ2
A 醤油…大さじ1/2
└ バター…10g
細ねぎ（小口切り）
　…適量
刻み海苔…適量

作り方

パスタを茹で始める

1 ボウルに A とパスタの茹で汁（大さじ1程度）を入れて混ぜる。

2 茹で上がったパスタをボウルに加えて混ぜ合わせる。

3 お皿に盛り、タレを入れてよく混ぜた納豆、ねぎ、海苔をトッピングする。

コンビーフの納豆パスタ

バターを加えることでコクが深まります。

 混ぜるだけ

調理時間	10分
難易度	★☆☆☆☆

材料（1人分）

パスタ…80g
┌ 納豆…1パック
│ 納豆のタレ…1袋
│ コンビーフ缶…1/4缶
A バター…5g
│ オリーブオイル
└ 　…大さじ1
卵黄…1個
細ねぎ（小口切り）
　…適量

作り方

パスタを茹で始める

1 ボウルに A とパスタの茹で汁（大さじ1程度）を入れて混ぜる。

2 茹で上がったパスタをボウルに加えて混ぜ合わせる。

3 お皿に盛り、卵黄とねぎをトッピングする。

納豆と鰹節のカルボナーラ風パスタ

鰹節は大きめの花鰹を使うのがおすすめ。

 混ぜるだけ

調理時間	10分
難易度	★☆☆☆☆

材料（1人分）

パスタ…80g
┌ 納豆…1パック
│ 納豆のタレ…1袋
│ 全卵、卵黄
A 　…各1個分
│ 粉チーズ…15g
│ ブラックペッパー
└ 　…適量
バター…5g
鰹節、細ねぎ（小口切り）
　…各適量

作り方

パスタを茹で始める

1 ボウルに A を入れて混ぜる。

2 茹で上がったパスタとバターをボウルに加えて混ぜ合わせる。

3 お皿に盛り、鰹節とねぎをトッピングする。

Part 06

野菜・きのこ のパスタ

キャベツやブロッコリー、なす、しめじ
といった身近な野菜・きのこを使った
パスタを121品集めました。
冷蔵庫に残っている食材から
作れるレシピを探したり、
組み合わせや味つけを参考にして
自分流にアレンジしたりして
自由にパスタを楽しみましょう。

アスパラガスは、濃い緑色でハリがあるものを選ぶのがポイント。パスタと好相性の野菜です。

アスパラとベーコンのナポリタン

ミニトマトを入れることでフレッシュさのあるナポリタンに。

| 調理時間 | 15分 |
| 難易度 | ★★★☆☆ |

材料（1人分）

パスタ…80g
ベーコン（短冊切り）…30g
┌ アスパラガス（斜め切り）…1本
A 玉ねぎ（薄切り）…1/8個
└ ミニトマト（4等分に切る）…3個
白ワイン…大さじ1
ケチャップ…大さじ3と1/2
粉チーズ…大さじ1
オリーブオイル…大さじ1
ブラックペッパー…適量

作り方

**パスタを茹で始める
（袋の表示時間 +1分）**

1 フライパンにオリーブオイルとベーコンを入れて炒める。焼き色がついたら **A** を加えて炒め合わせ、白ワインを加えてアルコール分を飛ばす。

2 フライパンの中身を端に寄せ、空いたスペースにケチャップを入れて軽く炒める。全体を混ぜ合わせ、パスタの茹で汁（お玉1/2～1杯）を加えてをなじませる。

3 茹で上がったパスタと粉チーズを加えて混ぜ合わせる。

4 お皿に盛り、ブラックペッパーをトッピングする。

アスパラとツナとトマトのパスタ

蒸し焼きにすることでやわらかく仕上がります。

調理時間 — 15分　難易度 — ★★☆☆☆

材料（1人分）

パスタ…80g

A
┌ アスパラガス（斜め切り）
│ 　…2本
│ ミニトマト
│ （4等分に切る）…3個
│ ツナ缶…1/2缶
└ 赤唐辛子（輪切り）…適量

にんにく（みじん切り）
　…1かけ
白ワイン…大さじ2
オリーブオイル…大さじ1
ブラックペッパー…適量

作り方

1　フライパンにオリーブオイルとにんにくを入れて弱火にかける。

　　パスタを茹で始める

2　にんにくの香りが立ったら、フライパンに **A** を加えて炒める。軽く火が通ったら白ワインを加え、蓋をして蒸し焼きにする。

3　茹で上がったパスタと茹で汁（お玉 1/2 杯程度）、オリーブオイル適量（分量外）をフライパンに加えて混ぜ合わせる。

4　お皿に盛り、ブラックペッパーをトッピングする。

アスパラと桜えびのクリームパスタ

香ばしい桜えびの香りがアスパラの甘みを引き立てます。

調理時間 — 15分　難易度 — ★★★☆☆

材料（1人分）

パスタ…80g
アスパラガス（斜め切り）
　…2本
玉ねぎ（薄切り）…1/8個
乾燥桜えび…5g
にんにく（みじん切り）
　…1かけ
生クリーム…100ml

粉チーズ…大さじ1
オリーブオイル…大さじ1
ブラックペッパー…適量

作り方

1　フライパンにオリーブオイルとにんにくを入れて弱火にかける。

　　パスタを茹で始める

2　にんにくの香りが立ったら桜えびを加え（トッピング用に少し残す）、アスパラガスと玉ねぎも加えて炒める。

3　全体にサッと火を通したら、生クリームとパスタの茹で汁（お玉 1/2 〜 1杯）、ブラックペッパーを加え、弱火で軽く煮詰める。

4　茹で上がったパスタと粉チーズを加えて混ぜ合わせる。

5　お皿に盛り、トッピング用の桜えびとブラックペッパーをのせる。

アスパラカルボナーラ

アスパラとベーコンの旨みがベストマッチ。

材料（1人分）

パスタ…80g
ベーコン（短冊切り）
　…30g
アスパラガス（斜め切り）
　…1本
┌ 全卵、卵黄…各1個
│ 粉チーズ…15g
A ブラックペッパー
└ 　…適量
オリーブオイル…大さじ1

作り方

パスタを茹で始める

1　フライパンにオリーブオイルとベーコンを入れて炒める。焼き色がついたらアスパラガスを加えて炒める。

2　フライパンにパスタの茹で汁（お玉1/2～1杯）を入れてなじませ、茹で上がったパスタを加えて混ぜ合わせる。火を止めて混ぜ合わせたAを加え、とろみがつくまで弱火で混ぜ合わせる。

3　お皿に盛り、ブラックペッパー（分量外）をトッピングする。

アスパラとベーコンのバター醤油パスタ

旬の春に一度は作りたいオーソドックスな和風味。

調理時間 — 10分
難易度 — ★★★☆☆

材料（1人分）

パスタ…80g
アスパラガス（斜め切り）
　…2本
ベーコン（短冊切り）
　…30g
にんにく…1かけ
醤油…小さじ1
バター…5g
オリーブオイル…大さじ1
ブラックペッパー…適量

作り方

1　フライパンにオリーブオイルと大きめに潰したにんにくを入れて弱火にかける。

パスタを茹で始める

2　にんにくの香りが立ったら、ベーコン、アスパラガスの順に加えて炒め、火が通ったら醤油を回し入れて全体を炒め合わせる。

3　パスタの茹で汁（お玉1/2～1杯）を加えてなじませ、茹で上がったパスタとバターを加えて混ぜ合わせる。

4　お皿に盛り、ブラックペッパーをトッピングする。

アスパラとベーコンのチーズパスタ

クリーミーなチーズパスタにはブラックペッパーをたっぷりと。

調理時間 — 10分
難易度 — ★★★☆☆

材料（1人分）

パスタ…80g
アスパラガス
（斜め切り）…2本
ベーコン（短冊切り）
　…30g
バター…15g
クリームチーズ…15g
ブラックペッパー…適量

作り方

パスタを茹で始める

1　フライパンにバターを熱し、アスパラガスとベーコンを炒める。火が通ったらクリームチーズとパスタの茹で汁（お玉1杯程度）を加えて、チーズを溶かす。

2　茹で上がったパスタをフライパンに加えて混ぜ合わせる。

3　お皿に盛り、ブラックペッパーをトッピングする。

アボカドとベーコンのトマトパスタ

アボカドのねっとりとした食感がおいしい。

調理時間 — **15分**　難易度 — ★★★☆☆

材料（1人分）

パスタ…80g
アボカド（角切り）
　…1/2個
ベーコン（短冊切り）
　…30g
にんにく…1かけ
トマト缶（カット）…100g

赤唐辛子（輪切り）…適量
バター…5g
粉チーズ…大さじ1
オリーブオイル…大さじ1
砂糖…ひとつまみ
ブラックペッパー…適量

作り方

1　フライパンにオリーブオイルと大きめに潰したにんにくを入れて弱火にかける。香りが立ったら唐辛子を加えて辛みを出し、ベーコンを炒める。

　　パスタを茹で始める

2　フライパンにトマト缶とパスタの茹で汁（お玉1/2〜1杯）、砂糖を加えて煮詰める。

3　パスタが茹で上がる直前に、フライパンにアボカドとブラックペッパーを加えて混ぜる。

4　茹で上がったパスタとバター、粉チーズを加えて混ぜ合わせる。

5　お皿に盛り、ブラックペッパーをトッピングする。

アボカドカルボナーラ

アボカドはペースト状にして加えます。

調理時間 — **10分**　難易度 — ★★★☆☆

材料（1人分）

パスタ…80g
ベーコン（短冊切り）…30g
オリーブオイル…大さじ1

A ┌ アボカド…1/2個
　│ 全卵…1個
　│ 粉チーズ…20g
　└ ブラックペッパー…適量

作り方

1　アボカドは包丁で刻んでペースト状にする。**A**を混ぜ合わせておく。

　　パスタを茹で始める

2　フライパンにオリーブオイルとベーコンを入れて炒める。

3　ベーコンに焼き色がついたら、パスタの茹で汁（お玉1/2〜1杯）を加えてなじませ、茹で上がったパスタを加えて混ぜ合わせる。

4　火を止めてから**A**を加え、再度火をつけてとろみがつくまで弱火で混ぜ合わせる。

5　お皿に盛り、ブラックペッパー（分量外）をトッピングする。

アボカド

いつものパスタにプラスするだけでまろやか＆豪華に。ペースト状にしてソースにしても。

オクラとトマトの夏パスタ

野菜を蒸し焼きにして旨みをギュッと凝縮させます。

調理時間 — 10分
難易度 — ★★☆☆☆

材料（1人分）

パスタ…80g
┌ オクラ（斜め切り）…2本
│ トマト（ざく切り）
A　…1/2個
│ 赤唐辛子（輪切り）
└　…適量
にんにく（みじん切り）
　…1かけ
白ワイン…大さじ2
オリーブオイル…大さじ1

作り方

1 フライパンにオリーブオイルとにんにくを入れて弱火にかける。

　パスタを茹で始める

2 にんにくの香りが立ったら、A を加えて炒める。軽く火が通ったら白ワインを加え、蓋をして蒸し焼きにする。

3 茹で上がったパスタと茹で汁（お玉1/2杯程度）、オリーブオイル適量（分量外）を加えて混ぜ合わせる。

オクラとしめじの和風パスタ

オクラはきのこやソーセージとも好相性。

調理時間 — 10分
難易度 — ★★★☆☆

材料（1人分）

パスタ…80g
ソーセージ（斜め切り）
　…2本
オクラ（斜め切り）…2本
しめじ…30g
めんつゆ…小さじ1/2
バター…5g
オリーブオイル…大さじ1
ブラックペッパー
　…適量

作り方

　パスタを茹で始める

1 フライパンにオリーブオイルとソーセージを入れて炒める。オクラとほぐしたしめじを加えて炒め合わせ、めんつゆとパスタの茹で汁（お玉1/2～1杯）を加えてなじませる。

2 茹で上がったパスタとバターを加えて混ぜ合わせる。

3 お皿に盛り、ブラックペッパーをトッピングする。

オクラとベーコンの豆乳クリームパスタ

オクラのねばりで自然なとろみがつきます。

調理時間 — 15分
難易度 — ★★★☆☆

材料（1人分）

パスタ…80g
ベーコン（短冊切り）…30g
オクラ（斜め切り）…2本
┌ 豆乳…100ml
A └ 白だし…大さじ1/2
オリーブオイル…大さじ1
鰹節…適量

作り方

1 フライパンにオリーブオイルとベーコンを入れて炒め、焼き色がついたら取り出す。同じフライパンにオクラを入れて炒める。

　パスタを茹で始める

2 オクラに火が通ったら A とパスタの茹で汁（お玉1/2～1杯）を加えて弱火で煮詰める。

3 茹で上がったパスタをフライパンに入れて混ぜ合わせる。

4 お皿に盛り、①のベーコンと鰹節をトッピングする

かぼちゃクリームパスタ

しっかりとパスタに絡むソースが絶品。

材料（1人分）

パスタ…80g
かぼちゃ…80g
A ┌ ベーコン（短冊切り）…30g
  │ 玉ねぎ（薄切り）…1/8個
  │ にんにく…1かけ
  └ オリーブオイル…大さじ1
B ┌ 白ワイン…大さじ1
  └ 生クリーム…100ml
粉チーズ…大さじ1
バター…5g
塩、ブラックペッパー…各適量

調理時間 — 15分
難易度 — ★★★☆☆

作り方

1 パスタ用の湯を沸かし、一口大に切ったかぼちゃを10分茹でる。

　パスタを茹で始める

2 にんにくは包丁の腹で大きめに潰す。フライパンにAを入れて弱火～中火で炒め、火が通ったらBとパスタの茹で汁（お玉1/2～1杯）を加えてひと煮立ちさせる。

3 茹で上がったパスタとかぼちゃを加え、かぼちゃを粗に潰しながらサッと混ぜ合わせる。バターと粉チーズを加えて全体をなじませ、塩で味を調える。

4 お皿に盛り、ブラックペッパーをトッピングする。

かぼちゃとベーコンの和風パスタ

かぼちゃはレンチンすることで時短に。

調理時間 — 10分
難易度 — ★★★☆☆

材料（1人分）

パスタ…80g
かぼちゃ…80g
ベーコン（短冊切り）…30g
赤唐辛子（輪切り）…適量
めんつゆ…小さじ2
バター…5g
オリーブオイル…大さじ1

作り方

1 かぼちゃは食べやすい大きさに切り、600Wのレンジで2分加熱する。

　パスタを茹で始める

2 フライパンにオリーブオイルとベーコンを入れて炒め、焼き色がついたら唐辛子と①を加えて軽く火を通す。

3 めんつゆとパスタの茹で汁（お玉1/2～1杯）を加えてなじませ、茹で上がったパスタ、バターを加えて混ぜ合わせる。

かぼちゃと生ハムのクリームパスタ

ソースにはトマトペーストを加えます。

調理時間 — 15分　**難易度** — ★★★☆☆

材料（1人分）

パスタ…80g
かぼちゃ…80g
生ハム…適量
玉ねぎ（みじん切り）…1/8個
A ┌ にんにく（みじん切り）…1かけ
  │ バター…10g
  └ オリーブオイル…小さじ1
生クリーム…100ml
トマトペースト…大さじ1/2
B ┌ サラダほうれん草（ざく切り）…5g
  └ 粉チーズ…大さじ1
ブラックペッパー…適量

作り方

1 かぼちゃは食べやすい大きさに切り、600Wのレンジで2分加熱する。

　パスタを茹で始める

2 フライパンにAを入れて弱火にかける。香りが立ったら玉ねぎを加えてしんなりするまで炒める。トマトペースト、①を順に加えて炒め合わせ、生クリームとパスタの茹で汁（お玉1杯程度）を加えて煮詰める。

3 茹で上がったパスタとBを加え、とろみがつくまで混ぜながら加熱する。

4 お皿に盛り、生ハムとブラックペッパーをトッピングする。

みずみずしさが持ち味。葉まで余さず使える食材です。

かぶとベーコンの和風パスタ

白だしとバターで味つけしてかぶの色味を生かします。

調理時間 — 15分　難易度 — ★★★☆☆

材料（1人分）

パスタ…80g
ベーコン（短冊切り）
　…30g
かぶ（くし形切り）…1個
かぶの葉と茎（ざく切り）
　…30g

白だし…小さじ2
バター…10g
オリーブオイル…大さじ1
ブラックペッパー
　…適量

作り方

1　フライパンにオリーブオイルとベーコンを入れ炒める。
　　　パスタを茹で始める

2　ベーコンに火が入り始めたら、空いてるスペースでかぶ
　　を焼く。ベーコンは両面に焼き色がついたら取り出す。

3　かぶの片面に焼き色がついたら裏返し、かぶの葉と茎、白
　　だしを加え、蓋をして弱火で1分蒸し焼きにする。

4　全体をサッと混ぜパスタの茹で汁（お玉1/2～1杯）を
　　加えて全体をなじませ、茹で上がったパスタ、バター、②
　　のベーコンを加えて混ぜ合わせる。

5　お皿に盛り、ブラックペッパーをトッピングする。

焼きかぶペペロンチーノ

香ばしく焼いたかぶはじゅわっと甘くなります。

調理時間 — 15分　難易度 — ★★★☆☆

材料（1人分）

パスタ…80g
かぶ（くし形切り）…1個
かぶの葉と茎…30g
にんにく（薄切り）…1かけ
赤唐辛子（輪切り）…適量

鰹節…適量
オリーブオイル…大さじ1

作り方

1　フライパンにオリーブオイルとにんにくを入れて弱火にか
　　け、きつね色になったら別皿に取り出す。
　　　パスタを茹で始める

2　①のフライパンにかぶを入れて焼く。片面に焼き色がつ
　　いたらひっくり返し、刻んだかぶの葉と茎、唐辛子を加
　　え、蓋をして弱火で1分蒸し焼きにする。

3　フライパンにパスタの茹で汁（お玉1/2～1杯）を加えて
　　なじませ、茹で上がったパスタと鰹節を加えて混ぜ合わ
　　せる。

4　お皿に盛り、①をトッピングする。

かぶとひき肉の旨辛和風パスタ

ひき肉入りでボリュームたっぷり。

調理時間 —— 10分
難易度 —— ★★★☆☆

材料（1人分）

パスタ…80g
合いびき肉…60g
かぶ（くし形切り）…1個
かぶの葉と茎…20g
┌ 醤油、みりん
A　…各小さじ 2
└ 砂糖…小さじ 1
赤唐辛子（輪切り）…適量
オリーブオイル
　…大さじ 1/2
ブラックペッパー…適量

作り方

パスタを茹で始める

1 フライパンにオリーブオイルとひき肉を入れて弱火で炒める。色が変わったらかぶと唐辛子を加えてさらに炒め、かぶの表面に焼き色がついたら刻んだかぶの葉と茎を加える。

2 火が通ったら A を加えて混ぜ、パスタの茹で汁（お玉 1/2 〜 1杯）を加えてなじませる。

3 茹で上がったパスタを加えて混ぜ合わせる。

4 お皿に盛り、ブラックペッパーをトッピングする。

かぶの葉としらすのパスタ

かぶの葉と茎が残ったら作ってほしい一皿。

調理時間 —— 10分
難易度 —— ★★☆☆☆

材料（1人分）

パスタ…80g
┌ かぶの葉と茎…50g
│ しらす…25g
A 赤唐辛子（輪切り）
└ 　…適量
にんにく（みじん切り）
　…1かけ
オリーブオイル…大さじ 1

作り方

パスタを茹で始める

1 かぶの葉と茎は細かく刻む。

2 フライパンにオリーブオイルとにんにくを入れて弱火にかける。香りが立ったら A を加えてしんなりするまで炒める。

3 パスタの茹で汁（お玉 1/2 〜 1杯）を加えてなじませ、茹で上がったパスタとオリーブオイル適量（分量外）を加えて混ぜ合わせる。

かぶの葉と納豆の和風パスタ

納豆と塩辛を組み合わせたおつまみにもなる一皿。

調理時間 —— 10分
難易度 —— ★★☆☆☆

材料（1人分）

パスタ…80g
かぶの葉と茎（細かく刻む）
　…30g
┌ いかの塩辛…20g
A 納豆…1パック
└ 納豆のタレ…1袋
バター…5g
オリーブオイル…大さじ 1
細ねぎ（小口切り）…適量

作り方

パスタを茹で始める

1 フライパンにオリーブオイルとかぶの葉と茎を入れて炒め、しんなりしたら弱火にして A を加えて炒め合わせる。

2 パスタの茹で汁（お玉 1/2 〜 1杯）を加えてなじませ、茹で上がったパスタとバターを加えて混ぜ合わせる。

3 お皿に盛り、ねぎをトッピングする。

ホロホロとした食感とクセのない味わいで、パスタになじみやすいおすすめの食材です。

カリフラワーと生ハムのペペロンチーノ

カリフラワーは表面をこんがりと焼いて香ばしく。

調理時間 — 15分　難易度 — ★★★☆☆

材料（1人分）

パスタ…80g
カリフラワー…50g
生ハム…適量
にんにく（薄切り）…1かけ

イタリアンパセリ
（細かく刻む）…適量
赤唐辛子（輪切り）…適量
オリーブオイル…大さじ1

作り方

1　フライパンにオリーブオイルとにんにくを入れて弱火にかける。唐辛子を加え、にんにくがきつね色になったらオイルを残して取り出す。

　　パスタを茹で始める

2　①のフライパンに小房に分けたカリフラワーを入れて弱火で焼く。焼き色がついたらパスタの茹で汁（お玉1杯程度）を加えてなじませる。

3　茹で上がったパスタ、①、イタリアンパセリ（トッピング用に少し残す）、オリーブオイル適量（分量外）を加えて混ぜ合わせる。

4　お皿に盛り、生ハムをトッピングする。

カリフラワーとセロリのアンチョビパスタ

セロリの風味がアクセントです。

調理時間 — 10分　難易度 — ★★★☆☆

材料（1人分）

パスタ…80g
カリフラワー…50g
セロリ（みじん切り）
　…1/4本
にんにく（みじん切り）
　…1かけ

アンチョビフィレ…1枚
イタリアンパセリ
（細かく刻む）…適量
赤唐辛子（輪切り）…適量
オリーブオイル…大さじ1

作り方

1　フライパンにオリーブオイルとにんにくを入れて弱火にかける。

　　パスタを茹で始める

2　カリフラワーは小房に分け、パスタと同じ鍋に加えて5分茹でる。

3　にんにくの香りが立ったらフライパンにアンチョビとセロリを加えて炒め、唐辛子を加える。茹で上がったカリフラワーを加えて崩しながら炒め、パスタの茹で汁（お玉1/2〜1杯）を加えてなじませる。

4　茹で上がったパスタ、イタリアンパセリ（トッピング用に少し残す）、オリーブオイル適量（分量外）を加えて混ぜ合わせる。

5　お皿に盛り、イタリアンパセリをトッピングする。

キャベツのペペロンチーノ

キャベツのやさしい甘みを生かしたシンプルな味わいです。
甘くてやわらかい春キャベツの時期におすすめ。

| 調理時間 | 10分 |
| 難易度 | ★★☆☆☆ |

材料（1人分）

パスタ…80g
キャベツ（ざく切り）…50g
にんにく（薄切り）…1かけ
赤唐辛子（輪切り）…適量
オリーブオイル…大さじ1

作り方

　パスタを茹で始める

1　フライパンにオリーブオイルとにんにくを入れて弱火にかけ、きつね色になったら取り出す。

2　キャベツはパスタが茹で上がる3分前に同じ鍋に加えて一緒に茹でる。

3　①のフライパンに唐辛子を入れて辛みを出し、パスタの茹で汁（お玉1/2〜1杯）を加えてなじませる。

4　茹で上がったパスタ、キャベツ、オリーブオイル適量（分量外）を加えて混ぜ合わせる。

5　お皿に盛り、①をトッピングする。

キャベツと桜えびのオイルパスタ

風味豊かな桜えびで満足感アップ。

調理時間 — 15分　難易度 — ★★★☆☆

材料（1人分）

パスタ…80g
キャベツ（ざく切り）…50g
乾燥桜えび…5g

にんにく（みじん切り）
　…1かけ
オリーブオイル…大さじ1

作り方

1 フライパンに桜えびを入れて乾煎りし、香りが立ったら取り出す。

　パスタを茹で始める

2 フライパンにオリーブオイルとにんにくを入れて弱火にかけ、香りが立ったら①を戻し入れる（トッピング用に少し残す）。にんにくがきつね色になったらパスタの茹で汁（お玉1/2〜1杯）を加えてなじませる。

3 キャベツはパスタが茹で上がる3分前に同じ鍋に加えて一緒に茹でる。

4 茹で上がったパスタとキャベツ、オリーブオイル適量（分量外）をフライパンに加えて混ぜ合わせる。

5 お皿に盛り、トッピング用の桜えびをのせる。

キャベツとツナのトマトパスタ

オリーブを加えると短時間でコクが出ます。

調理時間 — 10分　難易度 — ★★★☆☆

材料（1人分）

パスタ…80g
キャベツ（ざく切り）…30g
ツナ缶…1/2缶
オリーブ（輪切り）…3個
玉ねぎ（みじん切り）
　…1/8個

にんにく（みじん切り）
　…1かけ
赤唐辛子（輪切り）…適量
トマトペースト…大さじ1
オリーブオイル…大さじ1
ブラックペッパー…適量

作り方

　パスタを茹で始める

1 フライパンにオリーブオイルとにんにくを入れて弱火にかける。香りが立ったら玉ねぎを加えて炒め、しんなりしたら唐辛子を加える。にんにくが色づいたらツナ缶とオリーブを加えてサッと炒める。

2 キャベツはパスタが茹で上がる3分前に同じ鍋に加えて一緒に茹でる。

3 フライパンにトマトペーストを加えて炒め合わせ、パスタの茹で汁（お玉1杯程度）を加えてなじませる。茹で上がったパスタとキャベツ、オリーブオイル適量（分量外）を加えて混ぜ合わせる。

4 お皿に盛り、ブラックペッパーをトッピングする。

キャベツとオリーブのアンチョビパスタ

キャベツは芯に近いかたい部分も薄く切って使えばおいしく食べられます。

調理時間 ── 10分

難易度 ── ★★☆☆☆

材料（1人分）

パスタ…80g
キャベツ（ざく切り）
　…50g
オリーブ（輪切り）…3個
┌アンチョビフィレ…2枚
│にんにく（みじん切り）
A　…1かけ
│赤唐辛子（輪切り）
└　…適量
オリーブオイル…大さじ1
ブラックペッパー…適量

作り方

パスタを茹で始める

1　フライパンにオリーブオイルと **A** を入れて弱火にかける。

2　キャベツはパスタが茹で上がる3分前に同じ鍋に加えて一緒に茹でる。フライパンにオリーブを加えて炒める。

3　茹で上がったパスタとキャベツ、茹で汁（お玉1/2杯程度）、オリーブオイル適量（分量外）をフライパンに入れて混ぜ合わせる。

4　お皿に盛り、ブラックペッパーをトッピングする。

キャベツとキムチの韓国風混ぜパスタ

ビビンパのようにしっかり混ぜ合わせて食べてみて！

レンチン

調理時間 ── 10分

難易度 ── ★☆☆☆☆

材料（1人分）

パスタ…80g
┌キャベツ（ざく切り）
│　…50g
A│塩昆布…大さじ1
│オリーブオイル
└　…大さじ1
┌キムチ…適量
│韓国海苔…適量
B│炒りごま…適量
└粉チーズ…大さじ1

作り方

パスタを茹で始める

1　ボウルに **A** を入れて600Wのレンジで2分加熱する。

2　茹で上がったパスタと茹で汁（大さじ1程度）、**B** をボウルに加えて混ぜ合わせる。

キャベツと長ねぎのオイルパスタ

余ったキャベツと長ねぎでサッと作れます。

調理時間 ── 10分

難易度 ── ★★★☆☆

材料（1人分）

パスタ…80g
キャベツ（せん切り）
　…40g
長ねぎ（薄切り）…1/4本
にんにく（みじん切り）
　…1かけ
赤唐辛子（輪切り）…適量
オリーブオイル…大さじ1
ブラックペッパー…適量

作り方

パスタを茹で始める

1　フライパンにオリーブオイルとにんにくを入れて弱火にかけ、香りが立ったら長ねぎを加えて炒める。しんなりしたら唐辛子とキャベツを加えて炒め合わせる。

2　パスタの茹で汁（お玉1/2～1杯）を加えてなじませ、茹で上がったパスタとオリーブオイル適量（分量外）を加えて混ぜ合わせる。

3　お皿に盛り、ブラックペッパーをトッピングする。

春キャベツとしらすの和風ペペロンチーノ

春が旬の食材を組み合わせたやみつきレシピ。

調理時間　10分　　難易度　★★★☆☆

材料（1人分）

パスタ…80g
キャベツ（ざく切り）…50g
しらす…15g
にんにく（みじん切り）
　…1かけ
大葉（みじん切り）…3枚
赤唐辛子（輪切り）…適量
オリーブオイル…大さじ1

作り方

パスタを茹で始める

1　フライパンにオリーブオイルとにんにくを入れて弱火にかける。香りが立ったらしらすと唐辛子を加える。

2　キャベツはパスタが茹で上がる3分前に同じ鍋に加えて一緒に茹でる。

3　フライパンにパスタの茹で汁（お玉1/2〜1杯）を加えてなじませる。茹で上がったパスタとキャベツ、大葉（トッピング用に少し残す）、オリーブオイル適量（分量外）を加えて素早く混ぜる。

4　お皿に盛り、トッピング用の大葉をのせる。

芽キャベツとしいたけのアンチョビパスタ

小ぶりな芽キャベツはパスタの具に向いています。

調理時間　15分　　難易度　★★★☆☆

材料（1人分）

パスタ…80g
芽キャベツ（半分に切る）
　…4個
しいたけ（薄切り）…1個
アンチョビフィレ…1枚
にんにく（みじん切り）
　…1かけ
乾燥桜えび…2g
イタリアンパセリ
（細かく刻む）…適量
オリーブオイル…大さじ1

作り方

1　フライパンにオリーブオイル少量（分量外）を熱し、芽キャベツの表面を焼いて取り出す。

2　①のフライパンに桜えびを入れて香りが立つまで炒り、火を止める。

パスタを茹で始める

3　フライパンにオリーブオイルとにんにくを加えて弱火にかける。香りが立ったらアンチョビを加えてほぐし、しいたけ、①の順に加える。

4　パスタの茹で汁（お玉1/2〜1杯）を加えてなじませ、茹で上がったパスタ、イタリアンパセリ（トッピング用に少し残す）、オリーブオイル適量（分量外）を加えて混ぜ合わせる。

5　お皿に盛り、イタリアンパセリをトッピングする。

ズッキーニのシンプルパスタ

揚げ焼きにしたズッキーニを堪能できるパスタです。

調理時間 **20分** 難易度 ★★★★☆

材料（1人分）

パスタ…80g
ズッキーニ（薄い輪切り）
　…1/2本
オリーブオイル…適量

A ┌バジル（みじん切り）
　│　…5枚
　│バター…5g
　└粉チーズ…大さじ 1
ブラックペッパー
　…適量

作り方

1　フライパンに多めのオリーブオイルを入れ、ズッキーニを揚げ焼きにして取り出す。Aのバジルは少量のオリーブオイルと合わせておく。

　　パスタを茹で始める

2　①のフライパンのオイルを拭き取る。ズッキーニを戻し入れ、茹で上がったパスタ、茹で汁（お玉 1/2 程度）、Aを加えて混ぜ合わせる。

3　お皿に盛り、ブラックペッパーとバジル（分量外）をトッピングする。

ズッキーニとベーコンのトマトパスタ

トマトジュースでできるベーシックな味。

調理時間 **20分** 難易度 ★★★☆☆

材料（1人分）

パスタ…80g
ズッキーニ（半月切り）
　…1/3本
ベーコン（短冊切り）…30g
トマトジュース…150ml
にんにく…1かけ
赤唐辛子（輪切り）…適量

イタリアンパセリ
（細かく刻む）…適量
白ワイン…大さじ 1
粉チーズ…大さじ 1
オリーブオイル…大さじ 1
ブラックペッパー…適量

作り方

1　フライパンにオリーブオイルと大きめに潰したにんにく、唐辛子を入れて弱火にかける。

2　ベーコン、ズッキーニの順に加えて炒め、白ワインを回し入れてアルコール分を飛ばす。

　　パスタを茹で始める

3　フライパンにトマトジュースを加えて煮詰める。パスタが茹で上がる少し前に、パスタの茹で汁（お玉 1/2〜1 杯）とブラックペッパーを加えてなじませる。

4　茹で上がったパスタ、イタリアンパセリ（トッピング用に少し残す）粉チーズを加えて混ぜ合わせる。

5　お皿に盛り、イタリアンパセリをトッピングする。

ズッキーニ

扱いやすく、ビタミンCなどの栄養も豊富。冷蔵庫にあると重宝します。

ズッキーニとベーコンのオイルパスタ

オリーブオイルににんにくとベーコンの旨みを移します。

調理時間 —— 15分　難易度 —— ★★★☆☆

材料（1人分）

パスタ…80g
ズッキーニ（半月切り）
　…1/3本
ベーコン（短冊切り）…30g
にんにく…1かけ

バター…5g
オリーブオイル…大さじ1
ブラックペッパー…適量

作り方

1　フライパンにオリーブオイルと大きめに潰したにんにくを入れて、弱火にかける。

　　パスタを茹で始める

2　香りが立ったらにんにくを取り出し、フライパンにズッキーニとベーコンを入れて炒める。

3　焼き色がついたらにんにくを戻し入れ、パスタの茹で汁（お玉1/2〜1杯）を加えて混ぜ合わせる。

4　茹で上がったパスタとバターを加えて混ぜ合わせる。

5　お皿に盛り、ブラックペッパーをトッピングする。

Point　油を吸収しやすいズッキーニの性質を生かし、にんにくの香りがついたオイルを吸わせておいしくします。

ズッキーニとベーコンのクリームパスタ

ズッキーニとブロッコリーのグリーンが鮮やか。

調理時間 —— 20分　難易度 —— ★★★☆☆

材料（1人分）

パスタ…80g
ズッキーニ（輪切り）
　…1/3本
ベーコン（短冊切り）…20g
ブロッコリー…20g
にんにく（みじん切り）
　…1かけ

生クリーム…75ml
粉チーズ…大さじ1
バター…5g
オリーブオイル…小さじ2
塩、ブラックペッパー
　…各適量

作り方

1　フライパンにバターとオリーブオイルを熱し、ベーコンをじっくり焼く。

　　パスタを茹で始める

2　ベーコンがカリカリになったら取り出し、同じフライパンに小房に分けたブロッコリーとズッキーニを入れて2分ほど炒める。

3　にんにくを加えてさらに炒め、全体に火が通ったら生クリームとパスタの茹で汁（お玉1/2〜1杯）を加えて煮詰める。

4　茹で上がったパスタと②のベーコン、粉チーズを加えて混ぜ合わせ、塩で味を調える。

5　お皿に盛り、ブラックペッパーをトッピングする。

ズッキーニとしらすのパスタ

しらすのほどよい塩気がズッキーニによく合います。

調理時間　20分　難易度　★★★☆☆

材料（1人分）

パスタ…80g
ズッキーニ（輪切り）
　…1/3本

しらす…15g
にんにく（薄切り）…1かけ
レモン汁…適量
オリーブオイル…大さじ1

作り方

1　フライパンにオリーブオイルとにんにくを入れて弱火にかける。

2　にんにくがきつね色になったら取り出し、フライパンにズッキーニを並べて焼く。

　　パスタを茹で始める

3　ズッキーニの両面に焼き色がついたら取り出す。フライパンにしらすを入れて炒め、パスタの茹で汁（お玉1/2〜1杯）を加えてなじませる。

4　茹で上がったパスタ、③のズッキーニ、レモン汁、オリーブオイル適量（分量外）を加えて混ぜ合わせる。

5　お皿に盛り、②のにんにくをトッピングする。

ズッキーニとツナのトマトパスタ

揚げ焼きにしたズッキーニは最後に戻し入れます。

調理時間　20分　難易度　★★★☆☆

材料（1人分）

パスタ…80g
ズッキーニ（輪切り）
　…1/2本
ツナ缶…1/2缶
玉ねぎ（薄切り）…1/8個
にんにく（みじん切り）
　…1かけ

赤唐辛子（輪切り）…適量
トマトペースト…大さじ1
粉チーズ…大さじ1
オリーブオイル…適量
ブラックペッパー…適量

作り方

1　フライパンに多めのオリーブオイルを入れ、ズッキーニを揚げ焼きにして取り出す。フライパンには大さじ1程度のオイルを残す。

　　パスタを茹で始める

2　①のフライパンににんにくと玉ねぎを入れて炒め、にんにくが色づいたら、唐辛子とツナ缶を加えてサッと炒める。

3　トマトペーストを加えて炒め合わせ、パスタの茹で汁（お玉1/2〜1杯）を加えてなじませる。茹で上がったパスタと①のズッキーニ、粉チーズを加えて混ぜ合わせる。

4　お皿に盛り、ブラックペッパーをトッピングする。

ズッキーニと生トマトのアンチョビパスタ

アンチョビで塩気と旨みをプラス。

| 調理時間 | — 15分 | 難易度 | ★★★☆☆ |

材料（1人分）

パスタ…80g
A
┌ ズッキーニ（半月切り）
│　…1/3本
├ トマト（ざく切り）
│　…1/4個
├ マッシュルーム
└ （4等分に切る）…3個

アンチョビフィレ…2枚
にんにく…1かけ
白ワイン…大さじ2
赤唐辛子（輪切り）…適量
オリーブオイル…大さじ1
塩…ひとつまみ
ブラックペッパー…適量

作り方

1　フライパンにオリーブオイルと大きめに潰したにんにくを入れて弱火にかける。にんにくの香りが立ったらアンチョビと唐辛子を加える。

　　パスタを茹で始める

2　にんにくとアンチョビをほぐし、**A**と塩を加えて炒める。全体に火が通ったら白ワインを回し入れ、アルコール分を飛ばす。

3　パスタの茹で汁（お玉1/2～1杯）を加えてなじませる。茹で上がったパスタとオリーブオイル適量（分量外）を加えて混ぜ合わせる。

4　お皿に盛り、ブラックペッパーをトッピングする。

ズッキーニペーストのパスタ

バジルと合わせて爽やかなジェノベーゼ風ソースに。

| 調理時間 | — 15分 | 難易度 | ★★☆☆☆ |

材料（1人分）

パスタ…80g
【ズッキーニソース】※
ズッキーニ（いちょう切り）
　…1本
にんにく…1かけ

A
┌ バジル…5枚
├ アーモンド…15g
├ 粉チーズ…15g
├ オリーブオイル…大さじ2
├ 塩、ブラックペッパー
└ 　…各適量

※ソースは2人分。冷蔵で3日、冷凍で2～3週間保存可能。

作り方

1　フライパンにオリーブオイル適量（分量外）と大きめに潰したにんにくを入れて弱火にかける。香りが立ったらズッキーニを加えて炒める。

　　パスタを茹で始める

2　ズッキーニがしんなりしたら、フライパンの中身と**A**を合わせてブレンダーでペースト状にする。

3　ボウルに茹で上がったパスタ、茹で汁（お玉1/2杯程度）、②を適量入れて混ぜ合わせる。

4　お皿に盛り、ブラックペッパー（分量外）をトッピングする。

とうもろこしのバター醤油パスタ

醤油を少し焦がして焼きとうもろこし風味に。

| 調理時間 | 10分 |
| 難易度 | ★★☆☆☆ |

材料（1人分）

パスタ…80g
とうもろこし…1/2本分
醤油…大さじ1/2
バター…5g
オリーブオイル…大さじ1
乾燥パセリ…適量

作り方

パスタを茹で始める

1　フライパンにオリーブオイルととうもろこしを入れて炒める。火が通ったら、鍋肌から醤油を回し入れサッと炒め合わせる。

2　パスタの茹で汁（お玉1/2～1杯）を加えてなじませ、茹で上がったパスタとバターを加えて混ぜ合わせる。

3　お皿に盛り、パセリをトッピングする。

夏野菜のオイルパスタ

とうもろこしと夏野菜を組み合わせたカラフルな一皿。

| 調理時間 | 15分 |
| 難易度 | ★★★☆☆ |

材料（1人分）

パスタ…80g
A┌ベーコン（短冊切り）…30g
　└ズッキーニ（半月切り）…1/3本
B┌とうもろこし…1/2本分
　├ミニトマト（半分に切る）…3個
にんにく…1かけ
白ワイン…大さじ1
オリーブオイル…大さじ1
ブラックペッパー…適量

作り方

1　フライパンにオリーブオイルと大きめに潰したにんにくを入れて弱火にかける。

パスタを茹で始める

2　にんにくの香りが立ったら、**A**を加えて焼き目がつくまで炒める。**B**を加えてサッと火を通し、白ワインを加えて蓋をし、蒸し焼きにする。

3　茹で上がったパスタと茹で汁（お玉1/2杯程度）を加えて混ぜ合わせる。

4　お皿に盛り、ブラックペッパーをトッピングする。

とうもろこしとツナのトマトパスタ

隠し味に醤油を加えるのがポイントです。

| 調理時間 | 15分 |
| 難易度 | ★★★☆☆ |

材料（1人分）

パスタ…80g
とうもろこし…1/2本分
ツナ缶…1/2缶
玉ねぎ（みじん切り）…1/8個
にんにく（みじん切り）…1かけ
A┌醤油…小さじ1
　└トマトペースト…大さじ1
バター…5g
オリーブオイル…大さじ1
ブラックペッパー…適量
イタリアンパセリ（細かく刻む）…適量

作り方

1　フライパンにオリーブオイルとにんにくを入れて弱火にかける。香りが立ったら玉ねぎを加えて炒める。

パスタを茹で始める

2　フライパンにとうもろこしを加えて中火で3分炒めたら、弱火にしてツナを加えて炒め合わせる。**A**とパスタの茹で汁（お玉1杯程度）、ブラックペッパーを加えてなじませ、茹で上がったパスタとバターを加えて混ぜ合わせる。

3　お皿に盛り、イタリアンパセリをトッピングする。

とうもろこし

自然な甘みとプチプチした食感が楽しめます。缶詰や冷凍のコーンを使ってもOKです。

トマト缶とはひと味違ったフレッシュトマトならではの風味を生かしましょう。

トマトとオリーブのアンチョビパスタ

アンチョビの旨味と塩気が効いたシンプルなパスタ。
お好みで野菜やきのこを加えてアレンジするのもおすすめです。

調理時間	15分
難易度	★★★☆☆

材料 (1人分)

パスタ…80g
トマト (角切り) …1個
オリーブ (輪切り) …5個
アンチョビフィレ…2枚
玉ねぎ (みじん切り) …1/8個
にんにく (みじん切り) …1かけ
イタリアンパセリ (細かく刻む)
　…適量
赤唐辛子 (輪切り) …適量
オリーブオイル…大さじ1
塩…ひとつまみ

作り方

1 フライパンにオリーブオイルとにんにくを入れ弱火にかける。香りが立ったらアンチョビを加えてほぐし、唐辛子と玉ねぎを加えて炒める。玉ねぎがしんなりしたらトマト、オリーブ、塩を加えてサッと炒め合わせる。

　　パスタを茹で始める

2 フライパンにパスタの茹で汁 (お玉1杯程度) を加え、弱火で煮詰める。

3 茹で上がったパスタ、イタリアンパセリ (トッピング用に少し残す)、オリーブオイル適量 (分量外) を加えて混ぜ合わせる。

4 お皿に盛り、イタリアンパセリをトッピングする。

丸ごとトマトとバジルのパスタ

余計な具は入れずトマトの旨みを味わいます。

調理時間 …… **15分**　難易度 …… ★★★☆☆

材料（1人分）

パスタ…80g
トマト（ざく切り）…1個
玉ねぎ（みじん切り）
　…1/8個
バジル…3枚

にんにく（みじん切り）
　…1かけ
白ワイン…大さじ2
オリーブオイル…大さじ1

作り方

1　フライパンにオリーブオイルとにんにくを入れて弱火にかける。
　　　パスタを茹で始める

2　にんにくの香りが立ったら玉ねぎを加えしんなりするまで炒める。トマトを加えてさらに炒め、白ワインを回し入れてアルコール分を飛ばし、とろみがつくまで煮詰める。

3　パスタの茹で汁（お玉1/2〜1杯程度）を加えてなじませ、茹で上がったパスタとちぎったバジル、オリーブオイル適量（分量外）を加えて混ぜ合わせる。

4　お皿に盛り、お好みでバジル（分量外）をトッピングする。

丸ごとトマトのクリーミーパスタ

生クリームなしで作るトマトクリームソースです。

調理時間 …… **15分**　難易度 …… ★★★☆☆

材料（1人分）

パスタ…80g
トマト（角切り）…1個
玉ねぎ（みじん切り）
　…1/8個
アンチョビフィレ…1枚
にんにく（みじん切り）
　…1かけ

クリームチーズ…20g
イタリアンパセリ
（細かく刻む）…適量
バター…10g
オリーブオイル…大さじ1

作り方

1　フライパンにオリーブオイルとにんにくを入れて弱火にかける。香りが立ったらアンチョビを加えてほぐし、玉ねぎを加えて炒める。
　　　パスタを茹で始める

2　①の玉ねぎがしんなりしたらトマトを加えてさらに炒める。トマトが潰れてペースト状になったらクリームチーズと茹で汁（お玉1杯程度）を加えて煮詰める。

3　茹で上がったパスタ、バター、イタリアンパセリ（トッピング用に少し残す）を加えて混ぜ合わせる。

4　お皿に盛り、イタリアンパセリをトッピングする。

Point よりなめらかに仕上げたい場合は、トマトの皮を湯むきして。

トマトと大葉の和風パスタ

あっというまにできるのでランチにもぴったり。

調理時間 — 10分
難易度 — ★★☆☆☆

材料（1人分）

パスタ…80g
トマト（ざく切り）
　…1/2個
┌大葉（せん切り）…5枚
A 塩昆布…小さじ1
└白だし…小さじ1
バター…5g
オリーブオイル…大さじ1

作り方

パスタを茹で始める

1　フライパンにオリーブオイルとトマトを入れて火を通す。Aを加えてサッと混ぜ、パスタの茹で汁（お玉1/2〜1杯）を加えてなじませる。

2　茹で上がったパスタとバターを加えて混ぜ合わせる。

3　お皿に盛り、オリーブオイル適量（分量外）を回しかける。

トマトとモッツァレラのパスタ

とろりと溶けたモッツァレラチーズがパスタによく絡みます。

調理時間 — 10分
難易度 — ★★★☆☆

材料（1人分）

パスタ…80g
ミニトマト（半分に切る）
　…5個
にんにく（みじん切り）
　…1かけ
┌バジル…3枚
A モッツァレラチーズ
└　…50g
赤唐辛子（輪切り）…適量
白ワイン…大さじ2
オリーブオイル…大さじ1
ブラックペッパー…適量

作り方

パスタを茹で始める

1　フライパンにオリーブオイルとにんにくを入れて弱火にかけ、香りが立ったらミニトマトと唐辛子を加える。ミニトマトに火が通ったら白ワインを加えて蓋をし、蒸し焼きにする。

2　茹で上がったパスタと茹で汁（お玉1/2杯程度）、A、オリーブオイル適量（分量外）を加えて混ぜ合わせる。

3　お皿に盛り、お好みでバジル（分量外）とブラックペッパーをトッピングする。

ミニトマトとケッパーのパスタ

ケッパーの酸味が味を引き締めてくれます。

調理時間 — 10分
難易度 — ★★☆☆☆

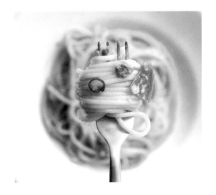

材料（1人分）

パスタ…80g
ミニトマト（半分に切る）
　…5個
ケッパー…小さじ1
にんにく（みじん切り）
　…1かけ
赤唐辛子（輪切り）
　…適量
白ワイン…大さじ1
粉チーズ…大さじ1
オリーブオイル…大さじ1

作り方

1　フライパンにオリーブオイルとにんにくを入れて弱火にかける。

パスタを茹で始める

2　にんにくの香りが立ったらフライパンにミニトマト、ケッパー、唐辛子を加えて炒め、白ワインを回し入れる。

3　パスタの茹で汁（お玉1/2〜1杯）を加えてなじませ、茹で上がったパスタ、粉チーズ、オリーブオイル適量（分量外）を加えて混ぜ合わせる。

菜の花とベーコンのペペロンチーノ

菜の花は塩気のあるオイル系のソースと好相性。

調理時間 —— 15分　　難易度 —— ★★★☆☆

材料（1人分）

パスタ…80g
菜の花…30g
ベーコン（短冊切り）
　…30g
にんにく（薄切り）…1かけ

赤唐辛子…1本
オリーブオイル…大さじ1

作り方

1　フライパンにオリーブオイルとにんにくを入れて弱火にかける。にんにくがきつね色になったら取り出す。

　　パスタを茹で始める

2　①のフライパンにベーコンと唐辛子を入れて炒める。

3　菜の花は食べやすい大きさに切ってパスタと一緒に1分茹でて取り出し、フライパンに加えてサッと炒める。パスタの茹で汁（お玉1/2〜1杯）を加えてなじませる。

4　茹で上がったパスタとオリーブオイル適量（分量外）を加えて混ぜ合わせる。

5　お皿に盛り、①をトッピングする。

菜の花とソーセージの和風パスタ

サッと炒めてシンプルなバター醤油味に仕上げます。

調理時間 —— 10分　　難易度 —— ★★★☆☆

材料（1人分）

パスタ…80g
ソーセージ（斜め切り）
　…2本
しいたけ（薄切り）…1個
菜の花…50g

醤油…小さじ2
バター…15g
鰹節…適量

作り方

　　パスタを茹で始める

1　フライパンにバターを熱し、ソーセージとしいたけを弱火で炒める。

2　火が通ったら、食べやすい長さに切った菜の花を加えてサッと炒める。

3　醤油を加えて炒め合わせ、パスタの茹で汁（お玉1杯程度）を加えてなじませる。

4　茹で上がったパスタを加えて混ぜ合わせる。

4　お皿に盛り、鰹節をトッピングする。

揚げなすとししとうのトマトパスタ

隠し味に味噌を加えるのがポイントです。

調理時間 20分　難易度 ★★★☆☆

材料（1人分）

パスタ…80g
なす（輪切り）…1/2本
ししとう（斜め切り）…2本
玉ねぎ（みじん切り）
　…1/8個
にんにく（みじん切り）
　…1かけ

A ┌ トマトペースト…大さじ1
　└ 味噌…小さじ1
オリーブオイル…適量
ブラックペッパー…適量

作り方

1 フライパンに多めのオリーブオイルを熱し、なすを揚げ焼きにして取り出す。フライパンには大さじ1程度のオイルを残す。

　　パスタを茹で始める

3 ①のフライパンににんにくと玉ねぎを入れて弱火で炒める。にんにくが色づいたらししとうを加えてサッと炒め、Aを加えて炒め合わせる。

4 パスタの茹で汁（お玉1/2〜1杯）を加えてなじませ、茹で上がったパスタ、①、オリーブオイル適量（分量外）を加えて混ぜ合わせる。

5 お皿に盛り、ブラックペッパーをトッピングする。

揚げなすのトマトクリームチーズパスタ

まったり濃厚なソースと揚げなすがマッチします。

調理時間 25分　難易度 ★★★☆☆

材料（1人分）

パスタ…80g
なす（輪切り）…1/2本
玉ねぎ（みじん切り）
　…1/8個
A ┌ トマト缶（カット）…100g
　 オレガノ…適量
　└ 砂糖…ひとつまみ

にんにく（みじん切り）
　…1かけ
クリームチーズ…20g
オリーブオイル…適量
ブラックペッパー…適量
イタリアンパセリ
（細かく刻む）…適量

作り方

1 フライパンに多めのオリーブオイルを熱し、なすを揚げ焼きにして取り出す。フライパンには大さじ1程度のオイルを残し、にんにくと玉ねぎを入れて弱火で炒める。にんにくがきつね色になったら、Aを加えて全体を混ぜ合わせる。

　　パスタを茹で始める

2 フライパンにパスタの茹で汁（お玉1/2〜1杯）を加えて煮詰める。

3 パスタが茹で上がる2分前に、フライパンにクリームチーズを加えてよく混ぜてなじませる。

4 茹で上がったパスタ、①のなすを加えて混ぜ合わせる。

5 お皿に盛り、イタリアンパセリとブラックペッパーをトッピングする。

なすとミニトマトのパスタ

ミニトマトを潰しながら炒めることでソースに。

調理時間 — 20分 ┃ 難易度 — ★★★☆☆

材料（1人分）

パスタ…80g
なす（輪切り）…1/2本
┌ ミニトマト（半分に切る）
│ …5個
A マッシュルーム（薄切り）
│ …1個
└ 赤唐辛子（輪切り）…適量
粉チーズ…適量

オレガノ…適量
白ワイン…大さじ2
オリーブオイル…適量
イタリアンパセリ
（細かく刻む）…適量

作り方

1 フライパンに多めのオリーブオイルを熱し、なすを揚げ焼きにして取り出す。フライパンには大さじ1程度のオイルを残す。

　　パスタを茹で始める

2 ①のフライパンにAを入れ、ミニトマトを潰しながら加熱する。全体に火が通ったら白ワインとオレガノを加え、煮詰める。

3 パスタの茹で汁（お玉1/2～1杯）と①を加えて全体をなじませ、茹で上がったパスタと粉チーズを加えて混ぜ合わせる。

4 お皿に盛り、イタリアンパセリをトッピングする。

なすとピーマンの和風パスタ

具の長さをそろえて切ることで麺に絡みます。

調理時間 — 15分 ┃ 難易度 — ★★★☆☆

材料（1人分）

パスタ…80g
なす（縦に薄切り）…1/2本
玉ねぎ（薄切り）…1/8個
ピーマン（細切り）…1/2個
にんにく（みじん切り）
　　…1かけ

醬油…小さじ2
砂糖…小さじ1
オリーブオイル…適量
七味唐辛子…適量

作り方

1 フライパンに多めのオリーブオイルを熱し、なすを揚げ焼きにして取り出す。フライパンには大さじ1程度のオイルを残す。

　　パスタを茹で始める

2 ①のフライパンににんにくを入れて弱火にかけ、香りが立ったら玉ねぎとピーマンを加えて炒める。火が通ったら醬油と砂糖を加えてサッと炒め合わせる。

3 パスタの茹で汁（お玉1/2～1杯）を加えてなじませ、茹で上がったパスタと①を加えて混ぜ合わせる。

4 お皿に盛り、七味唐辛子をトッピングする。

なすとベーコンの和風パスタ

ねぎやごまをトッピングするのもおすすめ！

材料（1人分）

パスタ…80g
なす（輪切り）…1/2本
ベーコン（短冊切り）
　…30g
めんつゆ…小さじ2
オリーブオイル…大さじ1
鰹節…適量

作り方

1　フライパンにオリーブオイルとベーコンを入れて炒める。

　　パスタを茹で始める

2　ベーコンに焼き色がついたらなすを加えて炒める。火が通ったらめんつゆとパスタの茹で汁（お玉1/2〜1杯）を加えてなじませ、茹で上がったパスタを加えて混ぜ合わせる。

3　お皿に盛り、鰹節をトッピングする。

なすとキムチの納豆パスタ

いつもの納豆パスタもなすを入れることでボリュームアップ。

材料（1人分）

パスタ…80g
なす（乱切り）…1/2本
┌ 納豆…1パック
│ 納豆のタレ…1袋
A│ キムチ…20g
└ めんつゆ…小さじ1
バター…5g
オリーブオイル…大さじ1
細ねぎ（小口切り）…適量

作り方

1　フライパンにオリーブオイルとなすを入れて炒める。

　　パスタを茹で始める

2　なすに焼き色がついたら A を加えてサッと炒め合わせる。パスタの茹で汁（お玉1/2〜1杯）を加えてなじませ、茹で上がったパスタとバターを加えて混ぜ合わせる。

3　お皿に盛り、ねぎをトッピングする。

なすとまいたけの青じそパスタ

めんつゆバターのソースがなすに染み込みます。

材料（1人分）

パスタ…80g
なす（乱切り）…1/2本
まいたけ…40g
大葉（みじん切り）…3枚
めんつゆ…小さじ2
バター…5g
オリーブオイル…大さじ1
鰹節…適量

作り方

1　フライパンにオリーブオイルを熱し、なす、食べやすい大きさにさいたまいたけを順に加えて炒める。

　　パスタを茹で始める

2　なすに焼き色がついたらめんつゆを加えてサッと混ぜ合わせ、パスタの茹で汁（お玉1/2〜1杯）を加えてなじませる。

3　茹で上がったパスタ、大葉、バターを加えて混ぜ合わせる（大葉はトッピング用に少し残す）。

4　お皿に盛り、鰹節とトッピング用の大葉をのせる。

なすとソーセージのトマトパスタ

コチュジャンを加えたピリ辛仕立て。

調理時間 ── **20分** ── 難易度 ── ★★★☆☆

材料（1人分）

パスタ…80g
ソーセージ（斜め切り）
　…2本
なす（乱切り）…1/2本
玉ねぎ（みじん切り）
　…1/8個
にんにく（みじん切り）
　…1かけ

A ┌トマトペースト…大さじ1
　└コチュジャン…小さじ 1/2
オレガノ…適量
オリーブオイル…適量
ブラックペッパー…適量

作り方

1 フライパンに多めのオリーブオイルを熱し、なすを揚げ焼きにして取り出す。フライパンには大さじ1程度のオイルを残し、残す。

　パスタを茹で始める

2 ①のフライパンににんにくと玉ねぎを入れて弱火で炒め、ソーセージを加える。にんにくがきつね色になったら**A**を加えて炒め合わせる。

3 パスタの茹で汁（お玉1杯程度）とオレガノを加えてなじませ、茹で上がったパスタと①を加えて混ぜ合わせる。

4 お皿に盛り、ブラックペッパーをトッピングする。

なすとパプリカのトマトクリームパスタ

チーズがとろりととろける絶品トマトクリーム。

調理時間 ── **20分** ── 難易度 ── ★★★★☆

材料（1人分）

パスタ…80g
なす（輪切り）…1/2本
パプリカ（粗みじん切り）
　…1/4個
玉ねぎ（みじん切り）
　…1/8個
にんにく（みじん切り）
　…1かけ

トマト缶（カット）…100g
A ┌モッツァレラチーズ…40g
　└生クリーム…大さじ1
オリーブオイル…適量
塩、ブラックペッパー
　　　…各適量
イタリアンパセリ
（細かく刻む）…適量

作り方

1 フライパンに多めのオリーブオイルを熱し、なすを揚げ焼きにして取り出す。フライパンには大さじ1程度のオイルを残す。

　パスタを茹で始める

2 ①のフライパンににんにくと玉ねぎを入れて弱火で炒め、玉ねぎがしんなりしたらパプリカを加えてサッと炒める。トマト缶とパスタの茹で汁（お玉 1/2〜1杯）を加えて煮詰める。

3 茹で上がったパスタ、①、**A**を加えて混ぜ合わせ、塩で味を調える。

4 お皿に盛り、イタリアンパセリとブラックペッパーをトッピングする。

Point モッツァレラチーズは時間が経つとかたくなるので、加えてから盛りつけまでは素早く仕上げましょう。

彩りピーマンのオイルパスタ

カラフルな見た目が楽しく、子どもも食べやすい味です。

調理時間 — 10分　難易度 — ★★☆☆☆

材料（1人分）

パスタ…80g
ベーコン…30g
┌ピーマン…1個
A
└パプリカ…1/2個分
にんにく（みじん切り）
　…1かけ

白ワイン…大さじ1
オリーブオイル…大さじ1
ブラックペッパー…適量

作り方

1　ベーコン、ピーマン、パプリカは1cm角に切る。

2　フライパンにオリーブオイルとにんにくを入れて弱火にかける。

　　パスタを茹で始める

3　にんにくの香りが立ったらベーコンを加えて炒め、少ししてから A も加えて炒め合わせる。全体に火が通ったら白ワインを回し入れてアルコール分を飛ばす。

4　パスタの茹で汁（お玉1/2〜1杯）を加えてなじませ、茹で上がったパスタを加えて混ぜ合わせる。

5　お皿に盛り、ブラックペッパーをトッピングする。

パプリカとベーコンのトマトパスタ

パプリカと玉ねぎのやさしい甘みを引き出します。

調理時間 — 15分　難易度 — ★★★☆☆

材料（1人分）

パスタ…80g
ベーコン（短冊切り）…30g
パプリカ（薄切り）…1/4個
玉ねぎ（薄切り）…1/8個
にんにく（薄切り）…1かけ

トマトペースト…大さじ1
オリーブオイル…大さじ1
ブラックペッパー…適量

作り方

1　フライパンにオリーブオイルとにんにくを入れて弱火にかけ、きつね色になったら取り出す。

　　パスタを茹で始める

2　①のフライパンに玉ねぎを入れて弱火で炒め、透き通ったらベーコンとパプリカを加えて中火で炒める。火が通ったら弱火にし、トマトペースト、パスタの茹で汁（お玉1杯程度）を加えて煮詰める。

3　茹で上がったパスタ、①、オリーブオイル適量（分量外）を加えて混ぜ合わせる。

4　お皿に盛り、ブラックペッパーをトッピングする。

パプリカとツナのオイルパスタ

ツナとトマトのパスタがパプリカでグレードアップ。

調理時間 —— 10分
難易度 —— ★★★☆☆

材料（1人分）

パスタ…80g
┌ ツナ缶…1/2缶
│ ミニトマト（4等分に切る）
A │ …3個
│ パプリカ（粗みじん切り）
└ …1/4個
にんにく（みじん切り）…1かけ
バジル…3枚
粉チーズ…大さじ1
オリーブオイル…大さじ1
ブラックペッパー…適量

作り方

1 フライパンにオリーブオイルとにんにくを入れて弱火にかける。

パスタを茹で始める

2 にんにくの香りが立ったら、A を加えて中火で炒める。パスタの茹で汁（お玉1/2〜1杯）を加えてなじませ、茹で上がったパスタ、ちぎったバジル、粉チーズ、オリーブオイル適量（分量外）を加えて混ぜ合わせる。

3 お皿に盛り、ブラックペッパーをトッピングする。

ピーマンとツナの和風パスタ

疲れた日にもサッと作れて間違いないおいしさ。

調理時間 —— 10分
難易度 —— ★★☆☆☆

材料（1人分）

パスタ…80g
ピーマン（細切り）…2個
ツナ缶…1/2缶
バター…15g
めんつゆ…大さじ1
ブラックペッパー…適量

作り方

パスタを茹で始める

1 フライパンにバターを溶かし、ピーマンを炒める。しんなりしたらツナ缶を加えて全体を炒め合わせる。

2 めんつゆとパスタの茹で汁（お玉1/2〜1杯）を加えてなじませ、茹で上がったパスタを加えて混ぜ合わせる。

3 お皿に盛り、ブラックペッパーをトッピングする。

パプリカのアンチョビパスタ

アンチョビの塩気で味がしっかりまとまります。

調理時間 —— 10分
難易度 —— ★★☆☆☆

材料（1人分）

パスタ…80g
パプリカ（細切り）
…1/2個分
アンチョビフィレ…2枚
にんにく（みじん切り）
…1かけ
白ワイン…大さじ1
オリーブオイル…大さじ1
ブラックペッパー…適量

作り方

1 フライパンにオリーブオイルとにんにくを入れて弱火にかける。

パスタを茹で始める

2 にんにくの香りが立ったらアンチョビを加え、ほぐしながら炒める。パプリカを加えてサッと炒め、白ワインを回し入れてアルコール分を飛ばし、パスタの茹で汁（お玉1/2〜1杯程度）を加えてなじませる。

3 茹で上がったパスタ、オリーブオイル適量（分量外）を加えて混ぜ合わせる。

4 お皿に盛り、ブラックペッパーをトッピングする。

ブロッコリーのナポリタン

ピーマンの代わりにブロッコリーで食べ応えアップ。

調理時間 —— 15分　難易度 —— ★★★☆☆

材料（1人分）

パスタ…80g
ブロッコリー…50g
ソーセージ（斜め切り）
　…2本
マッシュルーム（薄切り）
　…2個
ケチャップ…大さじ4

白ワイン…大さじ1
粉チーズ…大さじ1
バター…10g
オリーブオイル…大さじ1
ブラックペッパー…適量

作り方

> パスタを茹で始める
> （袋の表示時間 +1 分）

1　フライパンにバターとオリーブオイルを熱し、ソーセージ、マッシュルームの順に入れて炒め、白ワインを加えアルコール分を飛ばす。

2　フライパンの中身を端に寄せ、空いたスペースにケチャップを入れて軽く炒め、全体を混ぜ合わせる。

3　ブロッコリーは小房に分け、パスタが茹で上がる3分前に同じ鍋に加えて一緒に茹でる。

4　パスタの茹で汁（お玉 1/2 〜 1 杯）とブラックペッパーを加えてなじませ、茹で上がったパスタとブロッコリー、粉チーズを加えて混ぜ合わせる。

5　お皿に盛り、ブラックペッパーをトッピングする。

ブロッコリーとマッシュルームのトマトパスタ

アンチョビ入りで深みのある味つけです。

調理時間 —— 10分　難易度 —— ★★★☆☆

材料（1人分）

パスタ…80g
┌ ブロッコリー
│ （小房に分ける）…40g
A マッシュルーム（薄切り）
│ …2個
└ オリーブ（輪切り）…3個
アンチョビフィレ…1枚

にんにく（みじん切り）
　…1かけ
トマトペースト…大さじ1
オリーブオイル…大さじ1
ブラックペッパー…適量

作り方

> パスタを茹で始める

1　フライパンにオリーブオイルとにんにくを入れて弱火にかける。香りが立ったらアンチョビを加えてほぐし、A を加えて炒める。火が通ったらトマトペーストを加えて炒め合わせる。

2　パスタの茹で汁（お玉 1 杯程度）を加えてなじませ、茹で上がったパスタとオリーブオイル適量（分量外）を加えて混ぜ合わせる。

3　お皿に盛り、ブラックペッパーをトッピングする。

ブロッコリーのカルボナーラ

ブロッコリーは細かく刻んでソースになじませます。

調理時間 — 10分
難易度 — ★★★☆☆

材料（1人分）

パスタ…80g
ブロッコリー…40g
ベーコン
（短冊切り）…30g
┌ 全卵、卵黄
│ 　　…各1個
A 粉チーズ…15g
│ ブラックペッパー
└ 　　…適量
オリーブオイル
　　…大さじ1

作り方

1 Aは混ぜ合わせておく。

　パスタを茹で始める

2 ブロッコリーは小房に分け、パスタと同じ鍋に加えて
　5分茹でる。

3 フライパンにオリーブオイルとベーコンを入れて炒め
　る。茹で上がったブロッコリーを細かく刻み、パスタの
　茹で汁（お玉1/2～1杯）とともにフライパンに加えて
　混ぜ合わせる。

4 茹で上がったパスタを加えて混ぜ、①を加えてとろみ
　がつくまで弱火で加熱する。

5 お皿に盛り、ブラックペッパー（分量外）をトッピングする。

ブロッコリーのペペロンチーノ

ブロッコリーはパスタと一緒に塩茹ですることでほどよい塩気がつきます。

調理時間 — 10分
難易度 — ★★★☆☆

材料（1人分）

パスタ…80g
ブロッコリー…50g
にんにく（みじん切り）
　　…1かけ
赤唐辛子（輪切り）…適量
オリーブオイル…大さじ1

作り方

　パスタを茹で始める

1 ブロッコリーは小房に分け、パスタと同じ鍋
　に加えて5分茹でる。

2 フライパンにオリーブオイルとにんにくを入
　れて弱火にかけ、香りが立ったら唐辛子を加
　えて辛みを出す。にんにくがきつね色になっ
　たらパスタの茹で汁（お玉1/2～1杯）を加
　えてなじませる。

3 ①を加え、ほぐしながら混ぜる。茹で上がっ
　たパスタとオリーブオイル適量（分量外）を
　加えて混ぜ合わせる。

ブロッコリーとソーセージのトマトパスタ

ソーセージの代わりにベーコンでもおいしくできます。

材料（1人分）

パスタ…80g
ブロッコリー…50g
ソーセージ（斜め切り）…2本
アンチョビフィレ…1枚
にんにく（みじん切り）…1かけ
トマトペースト…大さじ1
オリーブオイル…大さじ1
ブラックペッパー…適量

調理時間 — 10分
難易度 — ★★★☆☆

作り方

　パスタを茹で始める

1 ブロッコリーは小房に分け、パスタと同
　じ鍋に加えて5分茹でる。

2 フライパンにオリーブオイルとにんにく
　を入れ弱火にかける。香りが立ったらアン
　チョビを加えてほぐし、ソーセージ、
　①の順に加え、ブロッコリーをほぐしな
　がら炒める。

3 トマトペーストを加えて炒め合わせ、パ
　スタの茹で汁（お玉1杯程度）を加え
　てなじませる。茹で上がったパスタとオ
　リーブオイル適量（分量外）を加えて混
　ぜ合わせる。

4 お皿に盛り、ブラックペッパーをトッピ
　ングする。

ほうれん草と長ねぎのパスタ

冷蔵庫にある野菜でササッと作れます。

調理時間 — 10分　　難易度 — ★★☆☆☆

材料（1人分）

パスタ…80g
ほうれん草…40g
ソーセージ（斜め切り）
　…2本
長ねぎ（斜め切り）
　…1/2本

にんにく…1かけ
オリーブオイル…大さじ1

作り方

1　フライパンにオリーブオイルと大きめに潰したにんにくを入れて弱火にかける。

　　パスタを茹で始める

2　にんにくの香りが立ったら、ソーセージと長ねぎを加えて炒める。焼き色がついたら食べやすい長さに切ったほうれん草を加えてサッと火を通す。

3　パスタの茹で汁（お玉1/2〜1杯）を加えてなじませ、茹で上がったパスタとオリーブオイル適量（分量外）を混ぜ合わせる。

ほうれん草とソーセージのクリームパスタ

ソーセージの代わりに肉やベーコンを使ってもOK

調理時間 — 15分　　難易度 — ★★★☆☆

材料（1人分）

パスタ…80g
ほうれん草…40g
ソーセージ（斜め切り）
　…2本
マッシュルーム（薄切り）
　…1個
にんにく（大きめに潰す）
　…1かけ

牛乳、生クリーム…各50ml
バター…5g
粉チーズ…大さじ1
オリーブオイル…大さじ1
ブラックペッパー…適量

作り方

1　フライパンにオリーブオイルと大きめに潰したにんにくを入れて弱火にかける。

　　パスタを茹で始める

2　にんにくの香りが立ったら、ソーセージとマッシュルームを加えて炒め、食べやすい長さに切ったほうれん草を加えてサッと火を通し、牛乳、生クリームを加えて煮詰める。

3　茹で上がったパスタと茹で汁（お玉1/2杯程度）、バター、粉チーズを加え、とろみがつくまで加熱しながら混ぜ合わせる。

4　お皿に盛り、ブラックペッパーをトッピングする。

ほうれん草とひき肉の甘辛パスタ

甘辛味のひき肉たっぷりで食べ応え抜群！

調理時間 ── 10分　難易度 ── ★★★☆☆

材料（1人分）

パスタ…80g
合いびき肉…80g
サラダほうれん草…10g
しいたけ（薄切り）…1個
┌ 醤油、みりん
A　…各小さじ2
└ 砂糖…小さじ1

バター…5g
オリーブオイル
　…大さじ1/2
ブラックペッパー…適量

作り方

パスタを茹で始める

1　フライパンにオリーブオイルとひき肉を広げ入れる。片面に焼き色がついたらひっくり返して弱火にし、しいたけを加えてひき肉をほぐしながら炒める。

2　全体に火が通ったら **A** を加えてサッと混ぜ、パスタの茹で汁（お玉1/2～1杯）を加えてなじませる。

3　茹で上がったパスタ、食べやすい長さに切ったほうれん草、バターを加えて混ぜ合わせる。

4　お皿に盛り、ブラックペッパーをトッピングする。

ちぢみほうれん草とソーセージの和風パスタ

ちぢみほうれん草は甘みが強いのが特徴。

調理時間 ── 10分　難易度 ── ★★☆☆☆

材料（1人分）

パスタ…80g
ちぢみほうれん草…50g
ソーセージ（斜め切り）
　…2本
だし醤油…小さじ2
オリーブオイル…大さじ1

ブラックペッパー…適量

作り方

パスタを茹で始める

1　フライパンにオリーブオイルとソーセージを入れて焼き色がつくまで炒める。

2　ほうれん草はパスタと一緒にサッと茹で、食べやすい大きさに切る。

3　②、だし醤油、パスタの茹で汁（お玉1/2～1杯）を加えてなじませ、茹で上がったパスタを加えて混ぜ合わせる。

4　お皿に盛り、ブラックペッパーをトッピングする。

春菊とツナのオイルパスタ

春菊のほろ苦い風味を楽しみましょう。

調理時間 — 10分　　難易度 — ★★★☆☆

材料（1人分）

パスタ…80g
春菊…30g
A ┌ ツナ缶…1/2缶
　├ ミニトマト（半分に切る）
　│　…5個
　└ 赤唐辛子（輪切り）…適量

にんにく（みじん切り）
　…1かけ
粉チーズ…大さじ1
オリーブオイル…大さじ1
ブラックペッパー…適量

作り方

1 フライパンにオリーブオイルとにんにくを入れ、弱火にかける。

　　パスタを茹で始める

2 にんにくの色が変わったら A を加えて炒める。パスタの茹で汁（お玉1/2～1杯）を加えて、ミニトマトを崩しながら煮詰める。

3 パスタが茹で上がる1分前に、フライパンに食べやすい長さに切った春菊を加える。茹で上がったパスタと粉チーズをフライパンに加えて混ぜ合わせる。

4 お皿に盛り、ブラックペッパーをトッピングする。

じゃがいもの春菊ジェノベーゼ

春菊をペースト状にした和風ジェノベーゼソースです。

調理時間 — 15分　　難易度 — ★★☆☆☆

材料（1人分）

パスタ…80g
じゃがいも（薄切り）
　…1/2個

※ソースは2～3人分。冷蔵で3日、冷凍で2～3週間保存可能。

【春菊ジェノベーゼソース】※
春菊…40g
くるみ…20g
にんにく…1かけ
オリーブオイル…70ml
粉チーズ…20g
塩、ブラックペッパー
　…各適量

作り方

1 にんにくは600Wのレンジで20秒加熱する。ソースの材料をミキサーにかけてペースト状にする。

　　パスタを茹で始める

2 じゃがいもはパスタと同じ鍋に加えて茹でる。

3 ボウルに茹で上がったパスタと茹で汁（大さじ1程度）、①のソース適量を加えてよく混ぜ、じゃがいもを加えてサッと混ぜる。

4 お皿に盛り、砕いたくるみ（分量外）とブラックペッパー（分量外）をトッピングする。

春菊とツナの混ぜパスタ

韓国海苔を入れることで風味がよくなります。

調理時間 —— 10分
難易度 —— ★☆☆☆☆

材料（1人分）

パスタ…80g
┌ 春菊…30g
│ ツナ缶…1/2缶
│ にんにく（すりおろし）
│ 　…小さじ 1/2
A │ 塩昆布…小さじ 1
│ オリーブオイル
└ 　…大さじ 1
韓国海苔、炒りごま
　…各適量

作り方

> パスタを茹で始める

1 春菊は食べやすい長さに切る。

2 ボウルに **A** を入れ、600W のレンジで 2分加熱する。

3 茹で上がったパスタ、茹で汁（大さじ 1程度）、韓国海苔、ごまを加えて混ぜ合わせる。

春菊といかの塩辛のパスタ

塩辛の塩気と旨みを生かして。

調理時間 —— 10分
難易度 —— ★★★☆☆

材料（1人分）

パスタ…80g
春菊…50g
いかの塩辛…40g
にんにく（みじん切り）
　…1かけ
赤唐辛子（輪切り）…適量
オリーブオイル…大さじ 1

作り方

> パスタを茹で始める

1 春菊は食べやすい長さに切り、葉と茎に分けておく。

2 フライパンにオリーブオイルとにんにくを入れて弱火にかけ、香りが立ったら塩辛と唐辛子を加えて炒める。春菊の茎を加えてさらに炒める。

3 にんにくがきつね色になったらパスタの茹で汁（お玉 1/2～1杯）を加えてなじませ、茹で上がったパスタ、春菊の葉、オリーブオイル適量（分量外）を加えて混ぜ合わせる。

ベーコンとしめじの春菊ジェノベーゼ

春菊を使った和風ジェノベーゼソースのアレンジレシピ。

調理時間 —— 10分
難易度 —— ★★☆☆☆

材料（1人分）

パスタ…80g
ベーコン（短冊切り）
　…30g
しめじ…40g
春菊ジェノベーゼソース
（P168 参照）…適量
オリーブオイル…大さじ 1
ブラックペッパー…適量

作り方

> パスタを茹で始める

1 フライパンにオリーブオイルとベーコンを入れて炒め、焼き色がついたらほぐしたしめじを加えてしんなりするまで炒める。

2 茹で上がったパスタ、茹で汁（お玉 1/2杯程度）、ジェノベーゼソースを加えて混ぜ合わせる。

3 お皿に盛り、ブラックペッパーをトッピングする。

小松菜としらすのペペロンチーノ

旬を迎えた冬の小松菜でぜひ作ってみて！

調理時間 — 10分
難易度 — ★★☆☆☆

材料（1人分）

パスタ…80g
A ┌小松菜…30g
 └しらす…20g
にんにく（みじん切り）
　…1かけ
赤唐辛子（輪切り）
　…適量
オリーブオイル
　…大さじ1

作り方

　パスタを茹で始める

1 小松菜は食べやすい長さに切る。

2 フライパンにオリーブオイルとにんにくを入れて弱火にかけ、香りが立ったら唐辛子を加える。にんにくが色づいてきたらAを加えて炒める。

3 パスタの茹で汁（お玉1/2〜1杯）を加えてなじませ、茹で上がったパスタとオリーブオイル適量（分量外）を加えて混ぜ合わせる。

小松菜ときのこの和風パスタ

和風パスタの定番の組み合わせ。

材料（1人分）

パスタ…80g
小松菜…30g
しめじ…40g
ベーコン（短冊切り）…30g
にんにく…1かけ
A ┌めんつゆ…大さじ1
 │ブラックペッパー
 └　…適量
バター…10g
オリーブオイル…大さじ1

調理時間 — 15分
難易度 — ★★★☆☆

作り方

1 フライパンにオリーブオイルと大きめに潰したにんにくを入れて弱火にかけ、香りが立ったらベーコンを加えて炒める。

　パスタを茹で始める

2 ベーコンに焼き色がついたら火を少し強め、ほぐしたしめじ、食べやすい長さに切った小松菜の茎、葉を順に加えて軽く炒める。

3 Aとパスタの茹で汁（お玉1/2〜1杯）を加えてなじませ、茹で上がったパスタとバターを加えて混ぜ合わせる。

4 お皿に盛り、ブラックペッパー（分量外）をトッピングする。

小松菜のカルボナーラ

クセの少ない小松菜はどんなソースにもよく合います。

調理時間 — 10分
難易度 — ★★★☆☆

材料（1人分）

パスタ…80g
小松菜…30g
ベーコン（短冊切り）
　…30g
A ┌全卵、卵黄…各1個
 │粉チーズ…15g
 │ブラックペッパー
 └　…適量
オリーブオイル
　…大さじ1

作り方

1 小松菜は食べやすい長さに切る。

　パスタを茹で始める

2 フライパンにオリーブオイルとベーコンを入れて炒め、焼き色がついたら小松菜を加えて火を通す。パスタの茹で汁（お玉1/2〜1杯）を加えて全体をなじませる。

3 茹で上がったパスタを加えて混ぜる。火を止めてから混ぜ合わせたAを加え、再度火をつけて弱火にしとろみがつくまで混ぜ合わせる。

4 お皿に盛り、ブラックペッパー（分量外）をトッピングする。

水菜と生ハムのパスタ

水菜は生のままでシャキシャキ感を生かしましょう。

レンチン

| 調理時間 | 10分 |
| 難易度 | ★☆☆☆☆ |

材料（1人分）

パスタ…80g
水菜…適量
生ハム…適量
A ┌ミニトマト
　│（半分に切る）…5個
　│にんにく（すりおろし）
　│　…小さじ1
　│オリーブオイル
　└　…大さじ1
粉チーズ…適量

作り方

パスタを茹で始める

1　ボウルに **A** を入れて600Wのレンジで5分加熱する。

2　茹で上がったパスタと茹で汁（大さじ1程度）をボウルに加えて混ぜ合わせる。

3　お皿に盛り、食べやすい長さに切った水菜、生ハム、粉チーズをトッピングする。

せりとベーコンのオイルパスタ

独特の香りがシンプルなオイル味で引き立ちます。

| 調理時間 | 15分 |
| 難易度 | ★★☆☆☆ |

材料（1人分）

パスタ…80g
せり…20g
ベーコン（短冊切り）
　…30g
にんにく…1かけ
赤唐辛子（輪切り）
　…適量
オリーブオイル…大さじ1

作り方

1　せりはサッと下茹でして食べやすい長さに切る。

パスタを茹で始める

2　フライパンにオリーブオイルと大きめに潰したにんにくを入れて弱火にかけ、香りが立ったら唐辛子とベーコンを加えて炒める。焼き色がついたら①を加えてサッと炒める。

3　パスタの茹で汁（お玉1/2〜1杯）を加えてなじませ、茹で上がったパスタとオリーブオイル適量（分量外）を加えて混ぜ合わせる。

クレソンとしらすのオイルパスタ

レモンを搾って食べるのもおすすめ。

| 調理時間 | 10分 |
| 難易度 | ★★★☆☆ |

材料（1人分）

パスタ…80g
しらす…10g
クレソン…15g
にんにく（みじん切り）
　…1かけ
赤唐辛子…1本
レモン汁…適量
オリーブオイル…大さじ1

作り方

パスタを茹で始める

1　フライパンにオリーブオイルとにんにくを入れて弱火にかけ、香りが立ったら唐辛子を加える。にんにくがきつね色になったら、パスタの茹で汁（お玉1/2〜1杯）を加えてなじませる。

2　茹で上がったパスタ、しらす、食べやすい大きさに切ったクレソン、レモン汁、オリーブオイル適量（分量外）を加えて混ぜ合わせる。

加熱すると甘みが増してパスタとも相性ばっちり。

白菜といかの塩辛のオイルパスタ

きのこなどを加えてアレンジしてもOK。
白菜は細切りにすることでパスタと絡みやすくなります。

調理時間 ── 10分
難易度 ── ★★☆☆☆

材料（1人分）

パスタ…80g
┌ 白菜（細切り）…60g
A│ いかの塩辛…40g
└ 赤唐辛子（輪切り）…適量
にんにく（みじん切り）…1かけ
オリーブオイル…大さじ1
細ねぎ（小口切り）…適量

作り方

パスタを茹で始める

1 フライパンにオリーブオイルとにんにくを入れて弱火にかける。香りが立ったら A を加え、蓋をして2分ほど蒸し焼きにする。

2 パスタの茹で汁（お玉1/2～1杯）を加えてなじませ、茹で上がったパスタとオリーブオイル適量（分量外）を加えて混ぜ合わせる。

3 お皿に盛り、ねぎをトッピングする。

白菜とベーコンのペペロンチーノ

蒸し焼きにすることで白菜の甘みを引き出します。

調理時間 ── 15分　　難易度 ── ★★☆☆☆

材料（1人分）

パスタ…80g
ベーコン（短冊切り）…30g
白菜（細切り）…50g
にんにく（薄切り）…1かけ
赤唐辛子（輪切り）…適量
オリーブオイル…大さじ1

作り方

1　フライパンにオリーブオイルとにんにくを入れて弱火にかけ、にんにくがきつね色になったら取り出す。

　　パスタを茹で始める

2　①のフライパンにベーコンを入れて炒め、火が通ったら唐辛子と白菜を加えて炒め合わせる。パスタの茹で汁（お玉1/2〜1杯）を加えて蓋をし、1分ほど蒸し焼きにする。

3　茹で上がったパスタとオリーブオイル適量（分量外）を加えて混ぜ合わせる。

4　お皿に盛り、①をトッピングする。

白菜ときのこのオイルパスタ

シンプルな味つけが桜えびの香ばしさを引き立てます。

調理時間 ── 15分　　難易度 ── ★★★☆☆

材料（1人分）

パスタ…80g
白菜（細切り）…40g
　┌ しめじ…40g
A │ しいたけ（薄切り）…1個
　└ 乾燥桜えび…2g
にんにく（みじん切り）
　　…1かけ
赤唐辛子（輪切り）…適量
オリーブオイル…大さじ1

作り方

1　フライパンにAを入れて5分ほど素焼きして、取り出す。

　　パスタを茹で始める

2　①のフライパンにオリーブオイルとにんにくを入れて弱火にかけ、香りが立ったら白菜と唐辛子を加えて炒める。しんなりしたら①を加えて炒め合わせる。

3　パスタの茹で汁（お玉1/2〜1杯）を加えてなじませ、茹で上がったパスタ、オリーブオイル適量（分量外）を加えて混ぜ合わせる。

白菜とひき肉のトマトパスタ

醤油と砂糖を加えた和風味のトマトパスタ。

`調理時間` — 15分　`難易度` — ★★★☆☆

材料（1人分）

パスタ…80g
合いびき肉…80g
白菜（細切り）…60g
にんにく（みじん切り）
　…1かけ

┌トマトペースト…大さじ1
A 醤油…小さじ2
└砂糖…小さじ1
オリーブオイル…大さじ1
ブラックペッパー…適量

作り方

1　フライパンにオリーブオイルとにんにくを入れて弱火にかける。にんにくの香りが立ったらひき肉を加えて炒める。

　`パスタを茹で始める`

2　ひき肉の色が変わったら白菜を加えてさらに炒め、全体に火が通ったら **A** を加えてなじませる。

3　パスタの茹で汁（お玉1杯程度）を加えてなじませ、茹で上がったパスタを加えて混ぜ合わせる。

4　お皿に盛り、ブラックペッパーをトッピングする。

白菜とツナの和風クリームパスタ

白菜の甘みとツナの旨みを味わえるあっさりクリーム。

`調理時間` — 10分　`難易度` — ★★★☆☆

材料（1人分）

パスタ…80g
白菜（細切り）…60g
ツナ缶…1/2缶
┌豆乳…100ml
A
└白だし…小さじ2
粉チーズ…大さじ1

バター…5g
オリーブオイル…大さじ1
ブラックペッパー…適量

作り方

　`パスタを茹で始める`

1　フライパンにオリーブオイルとツナ缶を入れて軽く火を入れ、白菜を加えて炒め合わせる。

2　白菜がしんなりしたら **A** とパスタの茹で汁（お玉1/2〜1杯）を加えて煮詰める。途中でブラックペッパーを加える。

3　茹で上がったパスタ、粉チーズ、バターを加えて混ぜ合わせる。

4　お皿に盛り、ブラックペッパーをトッピングする。

Point ▷ 豆乳を使用することで、素材の味わいを生かしたさっぱりしたクリームソースになります。

長ねぎとベーコンのオイルパスタ

長ねぎはトースターで焼いて香ばしさをプラスします。

調理時間 — 10分　　難易度 — ★★☆☆☆

材料（1人分）

パスタ…80g
長ねぎ…1/3本
ベーコン（短冊切り）…30g
にんにく…1かけ
赤唐辛子（輪切り）…適量

オリーブオイル…大さじ1

作り方

[パスタを茹で始める]

1　アルミホイルに太めの斜め切りにした長ねぎを並べ、トースターで5分ほど加熱する。

2　フライパンにオリーブオイルと大きめに潰したにんにくを入れて弱火にかけ、香りが立ったらベーコンと唐辛子を加えて炒める。

3　茹で上がったパスタ、①、茹で汁（お玉1/2杯程度）を加えて混ぜ合わせる。

4　お皿に盛り、オリーブオイル適量（分量外）をかける。

Point　長ねぎはフライパンで他の材料と一緒に炒めても大丈夫。その場合②のタイミングで加えてください。

長ねぎの和風ペペロンチーノ

余った長ねぎでササッと作れる一皿。

調理時間 — 10分　　難易度 — ★★★☆☆

材料（1人分）

パスタ…80g
長ねぎ…1/2本
にんにく（みじん切り）
　…1かけ

赤唐辛子（輪切り）…適量
醤油…小さじ1/2
オリーブオイル…大さじ1

作り方

1　長ねぎは半分をみじん切り、残りの半分を薄切りにする。

2　フライパンにオリーブオイル、にんにく、長ねぎ（みじん切り）を入れて弱火にかける。

[パスタを茹で始める]

3　にんにくが色づいてきたらフライパンに長ねぎ（薄切り）と唐辛子を加えて炒める。にんにくがきつね色になったら醤油を加えて炒め合わせる。

4　パスタの茹で汁（お玉1杯程度）を加えて全体をなじませ、茹で上がったパスタとオリーブオイル適量（分量外）を加えて混ぜ合わせる。

長ねぎ

香りを生かしてシンプルなパスタに。甘くなる冬のねぎがおすすめ。

新じゃがいもとたらこのパスタ

じゃがいもはレンチンしてから表面をこんがり焼きます。

調理時間 ── 15分 難易度 ── ★★★☆☆

材料（1人分）

パスタ…80g
新じゃがいも…80g
たらこ…30g
生クリーム…50ml
バター…15g

塩…適量
細ねぎ（小口切り）、
刻み海苔…各適量

作り方

1 じゃがいもは 600W のレンジで 2 ～ 3 分加熱し、食べやすい大きさに切る。

   パスタを茹で始める

2 フライパンにバターを溶かし①を焼く。表面に焼き色がついたら軽く塩を振り、生クリームとパスタの茹で汁（お玉 1/2 ～ 1 杯）を加えてなじませる。

3 茹で上がったパスタと薄皮から出したたらこをフライパンに加え、とろみがつくまで煮詰める。

4 お皿に盛り、ねぎと海苔をトッピングする。

さつまいもとベーコンのバター醤油パスタ

さつまいもの甘みとバター醤油は最高の組み合わせ！

調理時間 ── 10分 難易度 ── ★★★☆☆

材料（1人分）

パスタ…80g
ベーコン（短冊切り）…30g
さつまいも…1/3本
醤油…小さじ 2
バター…5g

オリーブオイル…大さじ 1
ブラックペッパー…適量

作り方

   パスタを茹で始める

1 さつまいもは食べやすい大きさに切り、600W のレンジで 2 ～ 3 分加熱する。

2 フライパンにオリーブオイルとベーコンを入れて炒め、焼き色がついたら①を加えて炒め合わせる。

3 醤油とパスタの茹で汁（お玉 1/2 ～ 1 杯）を加えてなじませ、茹で上がったパスタとバターを加えて混ぜ合わせる。

4 お皿に盛り、ブラックペッパーをトッピングする。

スナップエンドウとまいたけのパスタ

具は素焼きにして風味よく仕上げます。

| 調理時間 | — 15分 | 難易度 | — ★★★☆☆ |

材料（1人分）

パスタ…80g
┌ スナップエンドウ…5本
A まいたけ…40g
└ 乾燥桜えび…3g

にんにく（みじん切り）
　…1かけ
赤唐辛子（輪切り）…適量
オリーブオイル…大さじ1
塩…適量

作り方

1 スナップエンドウは半分に割って軽く塩を振る。熱したフライパンに A を入れ素焼きにし、焼き色がついたら取り出す。

　　パスタを茹で始める

2 ①のフライパンにオリーブオイルとにんにくを入れて弱火にかけ、香りが立ったら唐辛子、桜えび、まいたけを加えて炒める。

3 パスタの茹で汁（お玉1/2〜1杯）を加えてなじませ、茹で上がったパスタ、スナップエンドウ、オリーブオイル適量（分量外）を加えて混ぜ合わせる。

その他の野菜

季節の野菜や余った野菜など、どんなものもパスタにできます。

そら豆とベーコンのオイルパスタ

レモン汁を加えることで爽やかに。

| 調理時間 | — 10分 | 難易度 | — ★★★☆☆ |

材料（1人分）

パスタ…80g
そら豆…30g
ベーコン（短冊切り）…30g
にんにく…1かけ
レモン汁…適量

オリーブオイル…大さじ1
糸唐辛子…適量

作り方

1 フライパンにオリーブオイルと大きめに潰したにんにくを入れて弱火にかける。

　　パスタを茹で始める

2 にんにくの香りが立ったら、ベーコンを加えて炒める。

3 そら豆はパスタが茹で上がる3分前に同じ鍋に加えて一緒に茹でる。

4 茹で上がったパスタとそら豆、茹で汁（お玉1/2杯程度）、レモン汁をフライパンに加えて混ぜ合わせる。

5 お皿に盛り、糸唐辛子をトッピングする。

たけのこと春キャベツのパスタ

春の食材を組み合わせた一品です。

調理時間 — 10分　難易度 — ★★★☆☆

材料（1人分）

パスタ…80g
たけのこ（水煮）…40g
キャベツ（ざく切り）…40g
乾燥桜えび…2g
アンチョビフィレ…1枚

にんにく（みじん切り）
　…1かけ
オリーブオイル…大さじ1

作り方

1　フライパンにオリーブオイルとにんにくを入れて弱火にかける。
　　パスタを茹で始める

2　にんにくの香りが立ったらアンチョビを加えてほぐし、たけのこと桜えびを加えて炒める。

3　キャベツはパスタが茹で上がる3分前に同じ鍋に加えて一緒に茹でる。

4　フライパンにパスタの茹で汁（お玉1/2〜1杯）を加えてなじませ、茹で上がったパスタとキャベツ、オリーブオイル適量（分量外）を加えて混ぜ合わせる。

大葉のペペロンチーノ

薬味の大葉が余ったらぜひペペロンチーノに。

調理時間 — 10分　難易度 — ★★★☆☆

材料（1人分）

パスタ…80g
大葉（みじん切り）…5枚
にんにく（みじん切り）
　…1かけ
赤唐辛子（輪切り）…適量
オリーブオイル…大さじ1

作り方

1　フライパンにオリーブオイルとにんにくを入れて弱火にかける。
　　パスタを茹で始める

2　にんにくの香りが立ったら唐辛子を加える。にんにくがきつね色になったらパスタの茹で汁（お玉1/2〜1杯）を加えてなじませる。

3　茹で上がったパスタ、大葉（トッピング用に少し残す）、オリーブオイル適量（分量外）を加え混ぜ合わせる。

4　お皿に盛り、トッピング用の大葉をのせる。

Point シンプルなペペロンチーノも。イタリアンパセリを大葉に変えるだけでまた違った味わいになります。

いちじくとモッツァレラチーズのパスタ

夏から秋にかけて旬を迎えるいちじくをパスタに。
ワインと合わせたり、前菜として楽しんだりするのもおすすめです。

調理時間	10分
難易度	★☆☆☆☆

材料（1人分）

パスタ…80g
┌ いちじく…1個
├ モッツァレラチーズ…25g
A クレソン…10g
└ ブラックペッパー…適量
┌ バター…15g
B└ バルサミコ酢…大さじ 1/2
塩…適量
生ハム、ピスタチオ…各適量

作り方

1 いちじくとクレソンは食べやすい大きさに、モッツァレラチーズは食べやすい大きさにちぎる。

　パスタを茹で始める

2 ボウルに茹で上がったパスタと茹で汁（大さじ1程度）、**B** を入れて混ぜ合わせる。

3 バターが溶けたら **A** も加えて全体をサッと混ぜ合わせ、塩で味を調える。

4 お皿に盛り、生ハムと砕いたピスタチオをトッピングする。

炒めきのこのペペロンチーノ

きのこは素焼きにすることで
旨みと風味がアップ！

調理時間	15分
難易度	★★★☆☆

材料（1人分）

パスタ…80g
好みのきのこ…100g
にんにく…1かけ
赤唐辛子（輪切り）…適量
オリーブオイル…大さじ1
乾燥パセリ…適量

作り方

1　フライパンにきのこを入れ、中火～強火で5分ほど素焼きして取り出す。

　　パスタを茹で始める

2　①のフライパンにオリーブオイルと大きめに潰したにんにくを入れて弱火に
　　かけ、色づいてきたら①と唐辛子を加えて炒める。

3　パスタの茹で汁（お玉1/2～1杯）を加えてなじませ、茹で上がったパスタ
　　とオリーブオイル適量（分量外）を加えて混ぜ合わせる。

4　お皿に盛り、パセリをトッピングする。

Point　きのこはオイルを使わずに焼きます。グリルやトースターで焼いても構いません。

きのこのスープクリームパスタ

牛乳を豆乳に置き換えてもOKです。

調理時間 ── **20分** ── 難易度 ── ★★★☆☆

材料（1人分）

パスタ…80g
ベーコン（短冊切り）…30g
好みのきのこ…50g
にんにく…1かけ
バター…5g
粉チーズ…大さじ1

A ┌ 牛乳…200ml
　├ コンソメ…小さじ2
　└ 塩昆布…小さじ1
オリーブオイル…大さじ1
ブラックペッパー…適量

作り方

1 フライパンにオリーブオイルと大きめに潰したにんにくを入れて弱火にかけ、にんにくがきつね色になったら取り出す。

2 ①のフライパンにベーコンを入れて焼く。焼き色がついたらきのこを加えてサッと炒め、Aと①を加えて弱火で煮詰める。

    パスタを茹で始める

3 茹で上がったパスタとバター、粉チーズを加えて混ぜ合わせる。

4 お皿に盛り、ブラックペッパーをトッピングする。

きのこと野沢菜の和風ペペロンチーノ

大葉を加えることで爽やかな風味に。

調理時間 ── **15分** ── 難易度 ── ★★★☆☆

材料（1人分）

パスタ…80g
野沢菜漬け…40g
しめじ…30g
まいたけ…30g
大葉（みじん切り）…3枚

にんにく（みじん切り）
　…1かけ
赤唐辛子（輪切り）…適量
オリーブオイル…大さじ1

作り方

1 フライパンにほぐしたしめじとまいたけを入れ、中火〜強火で5分ほど素焼きして取り出す。

    パスタを茹で始める

2 ①のフライパンにオリーブオイルとにんにくを入れて弱火にかけ、香りが立ったら唐辛子を加える。にんにくが色づいたら野沢菜と①を加えて炒め合わせる。

3 パスタの茹で汁（お玉1/2〜1杯）を加えてなじませ、茹で上がったパスタ、大葉（トッピング用に少し残す）、オリーブオイル適量（分量外）を加えて混ぜ合わせる。

4 お皿に盛り、トッピング用の大葉をのせる。

きのこのトマトソースパスタ

作り置きのトマトソースを使ったアレンジです。

調理時間 ── 15分
難易度 ── ★★★☆☆

材料（1人分）

パスタ…80g
好みのきのこ…80g
玉ねぎ（みじん切り）
　…1/8個
万能トマトソース
（P20参照）…80g
バター…10g
オリーブオイル…適量
イタリアンパセリ
（細かく刻む）…適量

作り方

1　フライパンにきのこを入れ、中火〜強火で5分ほど素焼きして取り出す。

　　パスタを茹で始める

2　①のフライパンにバターと玉ねぎを入れて弱火で炒め、しんなりしたら①を加えてサッと炒め合わせる。トマトソースとパスタの茹で汁（お玉1/2〜1杯）を加えて煮詰める。

3　茹で上がったパスタとオリーブオイルを加えて混ぜ合わせる。

4　お皿に盛り、イタリアンパセリをトッピングする。

きのこの焼き味噌バターパスタ

香ばしく焼いた味噌を使うのがポイントです。

調理時間 ── 15分
難易度 ── ★★★☆☆

材料（1人分）

パスタ…80g
┌まいたけ…50g
│しめじ…30g
A│しいたけ（薄切り）
└　…1個
味噌…小さじ2
バター…15g

作り方

1　アルミホイルに味噌を塗り伸ばし、グリルやトースターで焼き色がつくまで焼く。

2　フライパンに**A**を入れて中火〜強火で5分ほど加熱する。

　　パスタを茹で始める

3　フライパンにバターを加え、弱火で溶かしながら全体を混ぜ合わせる。バターが溶けきったら①とパスタの茹で汁（お玉1杯程度）を加えてなじませる。

4　茹で上がったパスタを加えて混ぜ合わせる。

焼ききのこの春菊ジェノベーゼ

春菊を使ったソースは爽やかな香りがきのこと合います。

調理時間 ── 10分
難易度 ── ★☆☆☆☆

材料（1人分）

パスタ…80g
好みのきのこ…80g
春菊ジェノベーゼソース
（P168参照）…適量
オリーブオイル…適量
塩、ブラックペッパー
　…各適量

作り方

　　パスタを茹で始める

1　アルミホイルにきのこを並べ、グリルやトースターで5分ほど焼く。焼きあがったらオリーブオイルと塩で和える。

2　ボウルに茹で上がったパスタ、ジェノベーゼソース、①の半量、茹で汁（お玉1/2杯程度）を入れて混ぜ合わせる。

3　お皿に盛り、①の残りとブラックペッパーをトッピングする。

エリンギと万願寺唐辛子のオイルパスタ

トマトでオイルソースが一層おいしくなります。

調理時間 ── 10分　**難易度** ── ★★☆☆☆

材料（1人分）

パスタ…80g
┌ エリンギ（薄切り）…30g
│ 万願寺唐辛子
│（斜め切り）…1本
A ミニトマト（半分に切る）
│ …3個
│ 赤唐辛子（輪切り）
└ …適量

にんにく（みじん切り）
　…1かけ
オリーブオイル…大さじ1
白ワイン…大さじ1

作り方

1 フライパンにオリーブオイルとにんにくを入れて弱火にかける。

　　パスタを茹で始める

2 にんにくの香りが立ったら、**A**を加えて炒める。火が通ったら白ワインを加えて蓋をし、蒸し焼きにする。

3 茹で上がったパスタと茹で汁（お玉1/2杯程度）、オリーブオイル適量（分量外）を加えて混ぜ合わせる。

Point　万願寺唐辛子は京野菜のひとつ。肉厚でやわらかく、辛みがないのが特徴で、辛みはありません。

エリンギと九条ねぎのペペロンチーノ

京野菜の九条ねぎを使った和風ペペロンチーノ。

調理時間 ── 10分　**難易度** ── ★★★☆☆

材料（1人分）

パスタ…80g
九条ねぎ…1/2本
エリンギ…50g
にんにく（薄切り）…1かけ

オリーブオイル…大さじ1
赤唐辛子（輪切り）…適量

作り方

1 九条ねぎは食べやすい大きさに切り、エリンギはさく。

2 フライパンにオリーブオイルとにんにくを入れて弱火にかける。

　　パスタを茹で始める

3 にんにくがきつね色になったら取り出す。同じフライパンにエリンギ、九条ねぎ、唐辛子を入れて炒め、パスタの茹で汁（お玉1/2杯程度）を加えてなじませる。

4 茹で上がったパスタとオリーブオイル適量（分量外）を加えて混ぜ合わせる。

5 お皿に盛り、③のにんにくをトッピングする。

しめじとベーコンのレモンクリームパスタ

レモンの爽やかな風味でさっぱり食べられます。

| 調理時間 | — 10分 | 難易度 | — ★★★☆☆ |

材料（1人分）

パスタ…80g
ベーコン（短冊切り）…30g
しめじ…50g
レモン汁…1/2個分
レモンの皮（すりおろし）
　…1/2個分

生クリーム…100ml
バター…10g
粉チーズ…大さじ1
オリーブオイル…小さじ1
ブラックペッパー…適量

作り方

　パスタを茹で始める

1　フライパンにバターとオリーブオイルを熱し、バターが溶けたらベーコン、ほぐしたしめじの順に加えて炒める。

2　①に火が通ったら生クリームとパスタの茹で汁（お玉1/2〜1杯）を加え、弱火で煮詰める。途中でブラックペッパーを加えて混ぜ合わせる。

3　茹で上がったパスタ、粉チーズ、レモン汁、レモンの皮（トッピング用に少し残す）を加える。

4　お皿に盛り、レモンの皮とブラックペッパーをトッピングする。

しめじとミニトマトのオイルパスタ

白ワインでソースがぐっとおいしくなります。

| 調理時間 | — 10分 | 難易度 | — ★★★☆☆ |

材料（1人分）

パスタ…80g
しめじ…50g
ミニトマト（半分に切る）
　…5個
にんにく（みじん切り）
　…1かけ
イタリアンパセリ
（細かく刻む）…適量

赤唐辛子（輪切り）…適量
白ワイン…大さじ1
オリーブオイル…大さじ1

作り方

1　フライパンにオリーブオイルとにんにくを入れて弱火にかける。

　パスタを茹で始める

2　にんにくの香りが立ったら唐辛子とほぐしたしめじを加えて炒める。しんなりしてきたらミニトマトも加えて炒め合わせる。具材に火が通ったら白ワインを加えてアルコール分を飛ばし、パスタの茹で汁（お玉1/2〜1杯）を加えてなじませる。

3　茹で上がったパスタ、イタリアンパセリ（トッピング用に少し残す）、オリーブオイル適量（分量外）を加えて混ぜ合わせる。

4　お皿に盛り、イタリアンパセリをトッピングする。

しめじとツナの和風パスタ

落ち着く組み合わせ。ふと食べたくなる定番パスタです。

調理時間 — **10分** | **難易度** — ★★★☆☆

材料（1人分）

パスタ…80g
ツナ缶…1/2缶
しめじ…50g
玉ねぎ（薄切り）…1/8個
にんにく（みじん切り）
　…1かけ

醤油…大さじ1/2
┌バター…5g
A│
└ブラックペッパー…適量
オリーブオイル…大さじ1
細ねぎ（小口切り）…適量

作り方

1　フライパンにオリーブオイルとにんにくを入れて弱火にかける。

　　| パスタを茹で始める |

2　にんにくの香りが立ったら、ほぐしたしめじと玉ねぎを加えて炒める。しんなりしたらツナ缶も加え、醤油を回し入れる。

3　茹で上がったパスタ、茹で汁（お玉1/2〜1杯）、**A**を加えてなじませる。

4　お皿に盛り、ねぎをトッピングする。

しめじとキャベツのトマトパスタ

コチュジャンを少し加えることでピリ辛に。

調理時間 — **10分** | **難易度** — ★★★☆☆

材料（1人分）

パスタ…80g
ベーコン（短冊切り）…15g
しめじ…40g
キャベツ（ざく切り）…40g
トマトペースト…大さじ1

コチュジャン…小さじ1/2
オリーブオイル…大さじ1
ブラックペッパー…適量

作り方

　　| パスタを茹で始める |

1　フライパンにオリーブオイル、ベーコン、ほぐしたしめじを入れて3分ほど炒める。弱火にしてトマトペーストとコチュジャンを加えて炒め合わせ、パスタの茹で汁（お玉1杯程度）を加えて全体をなじませる。

2　キャベツはパスタが茹で上がる3分前に同じ鍋に加えて一緒に茹でる。

3　茹で上がったパスタとキャベツ、オリーブオイル適量（分量外）をフライパンに入れて混ぜ合わせる。

4　お皿に盛り、ブラックペッパーをトッピングする。

しいたけとピーマンのアンチョビバターパスタ

アンチョビ+バターは味が決まりやすいのでおすすめ。

調理時間 — 10分 　難易度 ★★★☆☆

材料（1人分）

パスタ…80g
しいたけ（薄切り）…3個
ピーマン（細切り）
　…1個
アンチョビフィレ…2枚
にんにく（みじん切り）
　…1かけ

バター…15g
ブラックペッパー…適量

作り方

1　フライパンにバターとにんにくを入れて弱火にかける。
　　パスタを茹で始める
2　にんにくの香りが立ったらアンチョビを加えてほぐし、しいたけとピーマンを加えて炒める。
3　パスタの茹で汁（お玉1/2〜1杯）を加えてなじませ、茹で上がったパスタを加えて混ぜ合わせる。
4　お皿に盛り、ブラックペッパーをトッピングする。

しいたけと小松菜のバター醤油パスタ

厚みのあるしいたけを使うのがおすすめです。

調理時間 — 10分 　難易度 ★★☆☆☆

材料（1人分）

パスタ…80g
しいたけ（薄切り）…1個
小松菜…30g
バター…15g
醤油…大さじ1/2
ブラックペッパー…適量

作り方

1　**パスタを茹で始める**
　　フライパンにバターを溶かし、しいたけ、食べやすい長さに切った小松菜の順に加えて炒める。
2　火が通ったら醤油とパスタの茹で汁（お玉1/2〜1杯）を加えてなじませ、茹で上がったパスタを加えて混ぜ合わせる。
3　お皿に盛り、ブラックペッパーをトッピングする。

しいたけとしめじと白菜のクリームチーズパスタ

しいたけの旨みと白菜の甘みを堪能できます。

調理時間 — **15分**　難易度 — ★★★☆☆

材料（1人分）

パスタ…80g
ベーコン（短冊切り）…30g
しいたけ（薄切り）…1個
しめじ…20g
白菜（細切り）…30g

┌ 生クリーム…100ml
A 塩昆布…大さじ1
└ クリームチーズ…15g
オリーブオイル…大さじ1
ブラックペッパー…適量

作り方

1　フライパンにしいたけとしめじを入れ、5分ほど素焼きして取り出す。

　　　パスタを茹で始める

2　①のフライパンにオリーブオイルとベーコンを入れて弱火で炒める。ベーコンに焼き色がついたら白菜を加え、しんなりしたら①を加えてサッと炒め合わせる。

3　Aとパスタの茹で汁（お玉1/2〜1杯）を加えて、クリームチーズを溶かしながら混ぜ合わせる。

4　茹で上がったパスタを加え、とろみがつくまで加熱しながら混ぜ合わせる。

5　お皿に盛り、ブラックペッパーをトッピングする。

まいたけとツナのトマトパスタ

数種類のきのこを混ぜて使っても◎。

調理時間 — **20分**　難易度 — ★★★☆☆

材料（1人分）

パスタ…80g
まいたけ…50g
ツナ缶…1/2缶
トマト缶（カット）…100g
┌ 玉ねぎ（みじん切り）
│　…1/8個
A にんにく（みじん切り）
│　…1かけ
└ オリーブオイル…大さじ1

イタリアンパセリ
（細かく刻む）…適量
ブラックペッパー…適量

作り方

1　フライパンに食べやすい大きさにさいたまいたけを入れ、中火〜強火で5分ほど素焼きして取り出す。

2　①のフライパンにAを入れて弱火にかける。にんにくが色づいたらツナ缶と①を加えサッと炒め、トマト缶を加える。

　　　パスタを茹で始める

3　フライパンにパスタの茹で汁（お玉1杯程度）を加えて煮詰める。

4　茹で上がったパスタとイタリアンパセリ（トッピング用に少し残す）、オリーブオイル適量（分量外）を加えて混ぜ合わせる。

5　お皿に盛り、イタリアンパセリとブラックペッパーをトッピングする。

まいたけといちじくの秋パスタ

どちらも秋の味覚とはいえ、意外な組み合わせ。
バルサミコ酢が隠し味です。

調理時間 —— 15分
難易度 —— ★★★☆☆

材料（1人分）

パスタ…80g
まいたけ…40g
いちじく…1個
ベーコン（短冊切り）…20g
にんにく…1かけ
┌赤ワイン…大さじ1
A
└バルサミコ酢…小さじ1/2
バター…5g
オリーブオイル…大さじ1
ブラックペッパー…適量
イタリアンパセリ（細かく刻む）…適量

作り方

1 フライパンに大きめに潰したオリーブオイルとにんにくを入れて弱火にかける。

   パスタを茹で始める

2 にんにくの香りが立ったらベーコンと食べやすい大きさにさいたまいたけを加えて炒める。焼き色がついたら A を加えて炒め合わせ、パスタの茹で汁（お玉 1/2 ～ 1杯）を加えてなじませる。

3 茹で上がったパスタ、食べやすい大きさに切ったいちじく、バター、ブラックペッパーを加えて混ぜ合わせる。

4 お皿に盛り、イタリアンパセリをトッピングする。

Point いちじくはベーコンや生ハムなど塩気のある食材と組み合わせるのがおすすめです。

まいたけペペロンチーノ

まいたけをしっかり炒めるのがポイント。

調理時間	10分	難易度	★★★☆☆

材料（1人分）

パスタ…80g
まいたけ…50g
にんにく（薄切り）…1かけ
赤唐辛子…1本

イタリアンパセリ
（細かく刻む）…適量
オリーブオイル…大さじ1

作り方

1　フライパンにオリーブオイルとにんにくを入れて弱火にかける。

> パスタを茹で始める

2　にんにくがきつね色になったら取り出す。同じフライパンに唐辛子と食べやすい大きさにさいたまいたけを加えて炒める。

3　パスタの茹で汁（お玉1/2〜1杯）を加えてなじませ、茹で上がったパスタ、イタリアンパセリ（トッピング用に少し残す）、オリーブオイル適量（分量外）を加えて混ぜ合わせる。

4　お皿に盛り、②のにんにくとイタリアンパセリをトッピングする。

まいたけとすだちのカルボナーラ

すだちが爽やかに香る大人のカルボナーラ。

調理時間	10分	難易度	★★★☆☆

材料（1人分）

パスタ…80g
まいたけ…30g
┌全卵、卵黄…各1個
A 粉チーズ…15g
└ブラックペッパー…適量

ベーコン（短冊切り）…30g
すだち…適量
オリーブオイル…大さじ1

作り方

1　Aは混ぜ合わせておく。

> パスタを茹で始める

2　フライパンにオリーブオイルとベーコンを入れて炒め、焼き色がついたら食べやすい大きさにさいたまいたけを加えて炒め合わせる。

3　フライパンにパスタの茹で汁（お玉1/2〜1杯）を入れてなじませ、茹で上がったパスタを加えて混ぜ合わせる。

4　火を止めてから①を加え、再度火をつけ弱火にしてとろみがつくまで混ぜ合わせる。

5　お皿に盛り、すだちを搾る。ブラックペッパー（分量外）とお好みですだちの輪切り（分量外）をトッピングする。

マッシュルームとミニトマトのクリームパスタ

濃厚なマッシュルームクリームにトマトが入って爽やか。
おうちカフェ気分が味わえるおしゃれな見た目も◎。

材料（1人分）

パスタ…80g
ベーコン（短冊切り）…30g
マッシュルーム（薄切り）…3個
ミニトマト（4等分に切る）…5個
生クリーム…100ml
白ワイン…大さじ1
A ┌ バター…5g
 └ 粉チーズ…大さじ1
イタリアンパセリ（細かく刻む）…適量
オリーブオイル…大さじ1
ブラックペッパー…適量

作り方

1 フライパンにオリーブオイルとベーコンを入れて炒める。

   パスタを茹で始める

2 ベーコンに焼き色がついたら、マッシュルームとミニトマトを加えて炒め合わせる。火が通ったら白ワインを回し入れてアルコール分を飛ばす。

3 生クリームとパスタの茹で汁（お玉1/2〜1杯）を加えて弱火で煮詰める。

4 茹で上がったパスタとA、イタリアンパセリ（トッピング用に少し残す）をフライパンに加えて混ぜ合わせる。

5 お皿に盛り、イタリアンパセリとブラックペッパーをトッピングする。

マッシュルームとベーコンのオイルパスタ

マッシュルームは薄切りにして旨みを引き出して。

調理時間 ─ 10分 難易度 ─ ★★★☆☆

材料（1人分）

パスタ…80g
┌ ベーコン（短冊切り）
│　…30g
A マッシュルーム（薄切り）
│　…2個
└ 赤唐辛子（輪切り）…適量
オリーブオイル…大さじ1

玉ねぎ（みじん切り）
　…1/8個
にんにく（みじん切り）
　…1かけ
イタリアンパセリ
（細かく刻む）…適量

作り方

1　フライパンにオリーブオイルとにんにくを入れて弱火にかける。香りが立ったら玉ねぎを加えてしんなりするまで炒める。

　　　パスタを茹で始める

2　①のフライパンに A を加えて5分ほど炒める。パスタの茹で汁（お玉1/2〜1杯）を加えてなじませ、茹で上がったパスタ、イタリアンパセリ（トッピング用に少し残す）、オリーブオイル適量（分量外）を加えて混ぜ合わせる。

4　お皿に盛り、イタリアンパセリをトッピングする。

マッシュルームと玉ねぎのトマトパスタ

気長にじっくり煮込むことで絶品ソースに。

調理時間 ─ 20分 難易度 ─ ★★★☆☆

材料（1人分）

パスタ…80g
マッシュルーム（みじん切り）
　…1個
玉ねぎ（みじん切り）…1/8個
にんにく（みじん切り）
　…1かけ

トマト缶（ホール）…150g
ローリエ…1枚
白ワイン…大さじ1
オリーブオイル…大さじ1
乾燥パセリ…適量

作り方

1　フライパンにオリーブオイルとにんにくを入れて弱火にかける。香りが立ったら玉ねぎとローリエを加えて炒める。玉ねぎが透き通ったらマッシュルームを加えてサッと炒め、白ワインを回し入れてアルコール分を飛ばす。

　　　パスタを茹で始める

2　トマト缶とパスタの茹で汁（お玉1杯程度）を加えて煮詰める。

3　茹で上がったパスタとオリーブオイル適量（分量外）を加えて混ぜ合わせる。

4　お皿に盛り、パセリをトッピングする。

マッシュルームと金柑のオイルパスタ

甘酸っぱい金柑とベーコンの塩気がよく合います。

調理時間 ── 10分

難易度 ── ★★★☆☆

材料（1人分）

パスタ…80g
ベーコン（短冊切り）…30g
マッシュルーム（薄切り）
　…3個
金柑（輪切り）…2個
にんにく…1かけ
イタリアンパセリ
（細かく刻む）…適量
白ワイン…大さじ1
オリーブオイル…大さじ1
ブラックペッパー…
　　適量

作り方

1　フライパンにオリーブオイルと大きめに潰
　したにんにくを入れて弱火にかける。

　　パスタを茹で始める

2　にんにくの香りが立ったらベーコン、マッ
　シュルームの順に加えて炒め、火が通ったら
　白ワインを回し入れアルコール分を飛ばす。

3　茹で上がったパスタと茹で汁（お玉1/2杯程
　度）、イタリアンパセリ、金柑を加えて混ぜ合
　わせる。

4　お皿に盛り、ブラックペッパーをトッピング
　する。

マッシュルームとミニトマトのパスタ

仕上げに魚醤をたらすのもおすすめです。

調理時間 ── 10分

難易度 ── ★★★☆☆

材料（1人分）

パスタ…80g
┌ マッシュルーム（薄切り）
│ 　…3個
A ミニトマト（半分に切る）
│ 　…5個
└ 赤唐辛子（輪切り）…適量
にんにく（みじん切り）…1かけ
イタリアンパセリ（細かく刻む）
　…適量
白ワイン…大さじ1
バター…5g
オリーブオイル…大さじ1

作り方

1　フライパンにオリーブオイルとにんにくを
　入れて弱火にかける。

　　パスタを茹で始める

2　にんにくの香りが立ったらAを加え炒め
　る。火が通ったら白ワインを回し入れる。

3　茹で上がったパスタと茹で汁（お玉1/2
　杯程度）、イタリアンパセリ（トッピング用
　に少し残す）、バターを加えて混ぜ合わせ
　る。

4　お皿に盛り、イタリアンパセリをトッピン
　グする。

マッシュルームのクリームパスタ

マッシュルームはみじん切りにしてソースと一体化させます。

調理時間 ── 15分

難易度 ── ★★★☆☆

材料（1人分）

パスタ…80g
マッシュルーム
（みじん切り）…5個
玉ねぎ（みじん切り）
　…1/8個
生クリーム…100ml
粉チーズ…大さじ1
オリーブオイル…大さじ1
塩…ひとつまみ
イタリアンパセリ
（細かく刻む）…適量

作り方

1　フライパンにオリーブオイル、マッシュルー
　ム、塩を入れて5分炒める。

　　パスタを茹で始める

2　フライパンに玉ねぎを加えて弱火で炒め、
　しんなりしたら生クリームとパスタの茹で汁
　（お玉1杯程度）を加えて煮詰める。

3　茹で上がったパスタと粉チーズを加えて混
　ぜ合わせる。

4　お皿に盛り、イタリアンパセリをトッピングす
　る。

Part 07

冷製 パスタ

暑い季節だけでなく、
さっぱりしたものが食べたいときや
サブメニューとしてもおすすめ。
混ぜるだけでできるレシピが多いのも
うれしいポイントです。
通常の倍の塩を入れて茹で
しっかり氷水で締めるのが
冷製パスタをおいしく作るコツです。

※この章ではパスタは 1.4mm（5分
茹で）のものを使用しています。作り
方内の「パスタを茹で始める」タイ
ミングも 5分茹でのものを想定した
位置になっています。

生ハムとアボカドの冷製パスタ

マイルドなアボカドソースに生ハムの塩気がぴったり。

<table>
<tr><td></td><td>調理時間</td><td>15分</td></tr>
<tr><td></td><td>難易度</td><td>★★☆☆☆</td></tr>
</table>

混ぜるだけ

材料（1人分）

パスタ…80g
生ハム…適量

A
```
┌ アボカド…1/2個
│ バジル…10枚
│ 粉チーズ…10g
│ オリーブオイル
│   …大さじ2
│ レモン汁…小さじ1
└ ブラックペッパー…適量
```
塩…適量

作り方

1 Aをブレンダーでペースト状になるまで混ぜ合わせ、冷蔵庫で冷やす。

パスタを茹で※、氷水で締めて水気をしっかり拭き取る

2 ①とパスタをよく混ぜ合わせ、オリーブオイル（分量外）と塩で味を調える。

3 お皿に盛り、生ハムとブラックペッパー（分量外）をトッピングする。

Point ▷ アボカドソースは温かいパスタや料理にも使えます。

※冷製パスタの場合、塩は普段の倍量にし（水の約2%）、茹で時間は袋の表記にプラス1分する。

かにかまとめかぶの冷製パスタ

本当に混ぜるだけの超簡単ネバネバパスタ。

| 調理時間 | 10分 |
| 難易度 | ★☆☆☆☆ |

材料（1人分）

パスタ…80g
┌ かにかまぼこ…40g
│ めかぶ…40g
│ オリーブオイル
A │　　…大さじ 1
│ ポン酢…大さじ 1
└ 食べるラー油…大さじ 1

塩…適量
細ねぎ（小口切り）、
炒りごま…各適量

作り方

1　かにかまは手で細かくさく。ボウルに **A** を入れて混ぜ、冷蔵庫で冷やす。

　　パスタを茹で※、氷水で締めて水気をしっかり拭き取る

2　①にパスタを加えて混ぜ合わせ、オリーブオイル（分量外）と塩で味を調える。

3　お皿に盛り、ねぎとごまをトッピングする。

Point　めかぶは味付タイプを使っています。付属のタレがある場合は、**A** に加えてください。

ミニトマトの冷製パスタ

シンプルだけど飽きがこない王道の冷製パスタ。

| 調理時間 | 20分 | 難易度 | ★★★☆☆ |

材料（1人分）

パスタ…80g
ミニトマト…5個
┌ バジル…3枚
│ オリーブオイル
A │　　…大さじ 2
│ バルサミコ酢…大さじ 1
└ ブラックペッパー…適量
塩…適量

作り方

1　ミニトマトは湯むきして 4 等分に切る。塩ひとつまみを振って冷蔵庫で 10 分冷やし、水気を拭き取る。

2　バジルは適当な大きさにちぎる。ボウルに①のミニトマトと **A** を入れて混ぜ、冷蔵庫で冷やす。

　　パスタを茹で※、氷水で締めて水気をしっかり拭き取る

3　②にパスタを加えて混ぜ合わせ、オリーブオイル（分量外）と塩で味を調える。

Point　ミニトマトに塩を振って水気を出すことで、旨みがギュッと詰まって味が濃くなります。

桃の冷製パスタ

みずみずしく甘い桃を使ったレストランのような一皿。

調理時間	10分
難易度	★★☆☆☆

混ぜるだけ

材料（1人分）

パスタ…80g
┌ 桃…1/2個
│ ミニトマト…5個
A│ バジル…3枚
│ にんにく（すりおろし）
└　…小さじ1/4

┌ 粉チーズ、オリーブ
A│　オイル…各大さじ1
└ レモン汁…大さじ1/2
塩、ブラックペッパー
　…各適量

作り方

1　桃とミニトマトは食べやすい大きさに切り、バジルはちぎる。ボウルに A を入れて混ぜ合わせ、冷蔵庫で冷やす。

　　パスタを茹で※、氷水で締めて水気をしっかり拭き取る

2　①にパスタを加えて混ぜ合わせ、オリーブオイル（分量外）と塩で味を調える。

3　お皿に盛り、ブラックペッパーをトッピングする。

アボカドと納豆の冷製パスタ

アボカドによく合うわさび醤油で和風の味つけに。

調理時間	10分
難易度	★☆☆☆☆

混ぜるだけ

材料（1人分）

パスタ…80g
┌ アボカド（角切り）
│　…1/2個
│ 納豆…1パック
A│ 納豆のタレ…1袋
│ 塩昆布…小さじ1
│ オリーブオイル
└　…大さじ1

┌ わさび、醤油
A│　…各小さじ1
└ レモン汁…小さじ1/2
塩…適量
炒りごま…適量

作り方

1　ボウルに A を入れて混ぜ合わせ、冷蔵庫で冷やす。

　　パスタを茹で※、氷水で締めて水気をしっかり拭き取る

2　①にパスタを加えて混ぜ合わせ、オリーブオイル（分量外）と塩で味を調える。

3　お皿に盛り、ごまをトッピングする。

※**冷製パスタの場合、塩は普段の倍量にし（水の約2%）、茹で時間は袋の表記にプラス1分する。**

Point　わさびの量はお好みに応じて調整してください。

めかぶときゅうりの冷製パスタ

きゅうりは小さく刻んで絡みやすく。

混ぜるだけ

| 調理時間 | 10分 |
| 難易度 | ★☆☆☆☆ |

材料（1人分）

パスタ…80g
- めかぶ（味付）…40g
- きゅうり（粗みじん切り）…1/3本
A - みょうが（みじん切り）…1個
- 大葉（みじん切り）…5枚
- オリーブオイル…大さじ1
- 醤油、酢、めんつゆ…各小さじ1
- 砂糖…ひとつまみ
塩…適量
細ねぎ（小口切り）、炒りごま…各適量

作り方

1 ボウルにＡを入れて混ぜ合わせ、冷蔵庫で冷やす。

   パスタを茹で※、氷水で締めて水気をしっかり拭き取る

2 ①にパスタを加えて混ぜ合わせ、オリーブオイル（分量外）と塩で味を調える。

3 お皿に盛り、ねぎとごまをトッピングする。

しらすと梅干しの冷製パスタ

梅干しの酸味で暑い日もするする食べられます。

混ぜるだけ

| 調理時間 | 10分 |
| 難易度 | ★☆☆☆☆ |

材料（1人分）

パスタ…80g
- しらす…20g
- 梅干し…1個
- 大葉（みじん切り）…5枚
A - オリーブオイル…大さじ2
- めんつゆ…小さじ2
- 醤油…小さじ1/2
塩…適量
細ねぎ（小口切り）、みょうが（薄切り）、炒りごま…各適量

作り方

1 梅干しは種を除いてペースト状にする。ボウルにＡを入れて混ぜ合わせ、冷蔵庫で冷やす。

   パスタを茹で※、氷水で締めて水気をしっかり拭き取る

2 ①にパスタを加えて混ぜ合わせ、オリーブオイル（分量外）と塩で味を調える。

3 お皿に盛り、しらす（分量外）、ねぎ、みょうが、ごまをトッピングする。

豚しゃぶの梅しそ冷製パスタ

豚肉はパスタと一緒に茹でるので手間なし！

| 調理時間 | 10分 |
| 難易度 | ★★☆☆☆ |

材料（1人分）

パスタ…80g
豚バラ肉…60g
- みょうが（輪切り）…1個
- 梅干し…1個
A - 大葉（みじん切り）…5枚
- めんつゆ、オリーブオイル…各大さじ1
- 食べるラー油…小さじ1
塩…適量
細ねぎ（小口切り）…適量

作り方

1 梅干しは種を除いてペースト状にする。ボウルにＡを入れて混ぜ合わせ、冷蔵庫で冷やす。

   パスタを茹でる※

2 豚肉はパスタが茹で上がる少し前に同じ鍋に加える。茹で上がったらパスタと豚肉を氷水で締めて水気をしっかり拭き取る。

3 ①に②を加えて混ぜ合わせ、オリーブオイル（分量外）と塩で味を調える。

4 お皿に盛り、ねぎをトッピングする。

冷やし明太子パスタ

ソースにマヨネーズを加えるのがコクを出すポイントです。

調理時間	— 15分
難易度	★★☆☆☆

材料（1人分）

パスタ…80g
- 明太子…40g
- 生クリーム…大さじ2
- オリーブオイル
A　…大さじ1
- マヨネーズ、白だし
- …各小さじ1

レモン汁…小さじ1
大葉（せん切り）、炒りごま、
刻み海苔…各適量

作り方

1　明太子は薄皮から出し、トッピング用に少し取り分ける。ボウルに **A** を入れて混ぜ合わせ、冷蔵庫で冷やす。

　　パスタを茹で※、氷水で締めて水気をしっかり拭き取る

2　①にパスタとレモン汁を加えて混ぜ合わせる。

3　お皿に盛り、トッピング用の明太子と大葉、ごま、海苔をのせる。

Point → レモン汁を入れることで、さっぱりとした味わいになります。

明太子の冷製カルボナーラ

冷やし明太子パスタをマイルドに。後を引くおいしさ。

調理時間	— 15分
難易度	★★☆☆☆

材料（1人分）

パスタ…80g
- 明太子…40g
- 生クリーム…大さじ2
- オリーブオイル
A　…大さじ2
- マヨネーズ…小さじ1
- ブラックペッパー…適量

- 卵黄…1個
- 生ハム…適量
- 細ねぎ（小口切り）、
B　炒りごま、
- 刻み海苔
- …各適量

作り方

1　ボウルに **A** を入れて混ぜ合わせ、冷蔵庫で冷やす（明太子は薄皮から出す）。

　　パスタを茹で※、氷水で締めて水気をしっかり拭き取る

2　①にパスタを加えて混ぜ合わせる。

3　お皿に盛り、**B** をトッピングする。

※冷製パスタの場合、塩は普段の倍量にし（水の約2%）、茹で時間は袋の表記にプラス1分する。

ズッキーニとツナの冷製パスタ

ズッキーニはにんにくオイルで炒めて加えます。

調理時間 —— 25分　難易度 —— ★★☆☆☆

材料（1人分）

パスタ…80g
ズッキーニ（角切り）
　…1/2本
にんにく（みじん切り）
　…1/2かけ

A ┌ ツナ缶…1/2缶
　├ マヨネーズ…大さじ1
　└ 醤油…小さじ1
オリーブオイル…大さじ1
塩、ブラックペッパー
　…各適量

作り方

1　フライパンにオリーブオイルとにんにくを入れて弱火にかける。香りが立ったらズッキーニを加え10分ほど炒める。

2　ボウルにAと①を入れて混ぜ、粗熱が取れたら冷蔵庫で冷やす。

　　パスタを茹で※、氷水で締めて水気をしっかり拭き取る

3　②にパスタを加えて混ぜ合わせ、オリーブオイル（分量外）と塩で味を調える。

4　お皿に盛り、ブラックペッパーをトッピングする。

しらすと夏野菜の冷製パスタ

しらすはこんもりと豪快にトッピングすると◎。

調理時間 —— 20分　難易度 —— ★★☆☆☆

材料（1人分）

パスタ…80g
しらす…40g
オクラ…1本
ミニトマト…5個

A ┌ オリーブオイル…大さじ1
　├ 酢…大さじ1
　└ 食べるラー油…大さじ1
塩…適量

作り方

1　オクラは熱湯で1分茹で、食べやすい大きさに切る。ミニトマトは湯むきして4等分に切り、塩ひとつまみを振って冷蔵庫で10分冷やし、水気を拭き取る。

2　ボウルに①、Aを入れて混ぜ、冷蔵庫で冷やす。

　　パスタを茹で※、氷水で締めて水気をしっかり拭き取る

3　②にパスタを加えて混ぜ合わせ、オリーブオイル（分量外）と塩で味を調える。

4　お皿に盛り、しらすをトッピングする。

生ハムとルッコラの冷製パスタ

生ハムトッピングでごちそう感が出ます。

調理時間　20分　　難易度　★★★☆☆

材料（1人分）

パスタ…80g
生ハム…適量
ミニトマト…5個
塩、ブラックペッパー
　…各適量

┌ルッコラ…10g
│にんにく（みじん切り）
│　…1/2かけ
A オリーブオイル
│　…大さじ2
│酢…小さじ1
└すりごま…小さじ1

作り方

1　ミニトマトは湯むきして4等分に切る。

2　ボウルに①とAを入れて混ぜ合わせ、冷蔵庫で冷やす。

　　パスタを茹で※、氷水で締めて水気をしっかり拭き取る

3　②にパスタを加えて混ぜ合わせ、オリーブオイル（分量外）と塩で味を調える。

4　お皿に盛り、生ハムとブラックペッパーをトッピングする。

いちじくと生ハムの冷製パスタ

ワインと合わせたくなるおつまみパスタ。

混ぜるだけ

調理時間　10分
難易度　★★☆☆☆

材料（1人分）

パスタ…80g
生ハム…適量
┌いちじく…1個
A オリーブオイル…大さじ1
└レモン汁…小さじ1

塩、ブラックペッパー
　…各適量
イタリアンパセリ
（細かく刻む）…適量

作り方

1　いちじくは食べやすい大きさに切る。ボウルにAを入れて混ぜ合わせ、冷蔵庫で冷やす。

　　パスタを茹で※、氷水で締めて水気をしっかり拭き取る

2　①にパスタを加えて混ぜ合わせ、オリーブオイル（分量外）と塩で味を調える。

3　お皿に盛り、生ハム、ブラックペッパー、イタリアンパセリをトッピングする。

※冷製パスタの場合、塩は普段の倍量にし（水の約2%）、茹で時間は袋の表記にプラス1分する。

納豆とキムチの冷製パスタ

黒酢と食べるラー油を加えることで味が決まります。

調理時間 —— 10分
難易度 —— ★☆☆☆☆

材料（1人分）

パスタ…80g
┌ 納豆…1パック
│ 納豆のタレ…1袋
│ キムチ…40g
A オリーブオイル
│ …大さじ1
│ 黒酢、食べるラー油
└ …各小さじ1
細ねぎ（小口切り）、
炒りごま、刻み海苔
…各適量

作り方

1 ボウルにAを入れて混ぜ合わせ、冷蔵庫で冷やす。

> パスタを茹で※、氷水で締めて水気をしっかり拭き取る

2 ①にパスタを加えて混ぜ合わせる

3 お皿に盛り、ねぎ、ごま、海苔をトッピングする。

ツナとみょうがの冷製パスタ

みょうがと大葉でさっぱり爽やかな風味に。

調理時間 —— 10分
難易度 —— ★☆☆☆☆

材料（1人分）

パスタ…80g
┌ ツナ缶…1/2缶
│ みょうが（みじん切り）
│ …1個
A 大葉（みじん切り）…3枚
│ 塩昆布…小さじ1
│ めんつゆ…小さじ2
└ オリーブオイル…大さじ1
塩…適量
細ねぎ（小口切り）、炒りごま
…各適量

作り方

1 ボウルにAを入れて混ぜ、冷蔵庫で冷やす。

> パスタを茹で※、氷水で締めて水気をしっかり拭き取る

2 ①にパスタを加えて混ぜ合わせ、オリーブオイル（分量外）と塩で味を調える。

3 お皿に盛り、ねぎとごまをトッピングする。

ツナとキムチの韓国風冷製パスタ

コチュジャン入りのさっぱり旨辛味がクセになる！

調理時間 —— 10分
難易度 —— ★☆☆☆☆

材料（1人分）

パスタ…80g
┌ キムチ…50g
│ ツナ缶…1/2個
│ 韓国海苔…適量
│ 黒酢、食べるラー油
A …各小さじ2
│ コチュジャン、焼肉の
│ タレ…各小さじ1
└ 醤油…小さじ1/2
細ねぎ（小口切り）、
糸唐辛子…各適量

作り方

1 ボウルにAを入れて混ぜ合わせ、冷蔵庫で冷やす。

> パスタを茹で※、氷水で締めて水気をしっかり拭き取る

2 ①にパスタを加えて混ぜ合わせる。

3 お皿に盛り、ねぎと糸唐辛子をトッピングする。

ツナとトマトの冷製パスタ

調理時間 —— 20分
難易度 —— ★★★☆☆

バルサミコ酢とレモン汁が味を引き締めます。
大葉の代わりにバジルを使ってもおいしくできます。

材料（1人分）

パスタ…80g
ミニトマト…8個
A ┌ ツナ缶…1/2缶
  │ 大葉（みじん切り）
  │   …3枚
  │ オリーブオイル…大さじ2
  │ バルサミコ酢…大さじ1
  │ レモン汁…小さじ1/2
  └ ブラックペッパー…適量
塩…適量

作り方

1 ミニトマトは湯むきして4等分に切る。塩ひとつまみを振って冷蔵庫で10分冷やし、水気を拭き取る。

2 ボウルに①とAを入れて混ぜ、冷蔵庫で冷やす（大葉はトッピング用に少し残す）。
   パスタを茹で※、氷水で締めて水気をしっかり拭き取る

3 ②にパスタを加えて混ぜ合わせ、オリーブオイル（分量外）と塩で味を調える。

4 お皿に盛り、トッピング用の大葉をのせる。

※冷製パスタの場合、塩は普段の倍量にし（水の約2%）、茹で時間は袋の表記にプラス1分する。

焼きなすとみょうがの冷製パスタ

なすがとろりとおいしい真夏に食べたい和風パスタ。

調理時間 **25分**　難易度 ★★★☆☆

材料（1人分）

パスタ…80g

A
- みょうが（せん切り）…1個
- 大葉（せん切り）…3枚
- オリーブオイル…大さじ1
- めんつゆ…大さじ1

なす…1/2本
塩…適量
鰹節…適量

作り方

1　なすはグリルやトースターで皮が焦げるまで焼き、皮をむいて小さく切る。

2　ボウルに①と **A** を入れて混ぜ、冷蔵庫で冷やす。

　　パスタを茹で※、氷水で締めて水気をしっかり拭き取る

3　②にパスタを加えて混ぜ合わせ、オリーブオイル（分量外）と塩で味を調える。

4　お皿に盛り、鰹節をトッピングする。

ガスパチョ風トマトの冷製パスタ

トマトジュースを使ったお手軽な冷製スープパスタ。

調理時間 **15分**　難易度 ★★★☆☆

材料（1人分）

パスタ…80g
ベーコン（短冊切り）…30g
ミニトマト…5個
きゅうり…1/3本
にんにく…1かけ

トマトジュース…150ml
オリーブオイル…大さじ1
塩、ブラックペッパー…各適量

作り方

1　ミニトマトときゅうりは細かく刻み、トマトジュースとともにボウルに入れる。

2　フライパンにオリーブオイルと大きめに潰したにんにくを入れて加熱する。にんにくの香りが立ったら、ベーコンを入れてカリカリになるまで炒める。

　　パスタを茹で※、氷水で締めて水気をしっかり拭き取る

3　①にパスタを加えて混ぜ合わせ、塩で味を調える。

4　お皿に盛り、②のベーコンとブラックペッパーをトッピングする。

ソース別索引

Ryogo

レシピメディア「BINANPASTA」（https://binanpasta.com）を運営。誰でも簡単に作れるおうちパスタレシピを700以上掲載している。各種 SNS でもレシピ配信を行っている他、レシピ開発や企業 SNS の運用サポート、執筆など幅広く活躍。著書に『おうちで本格！BINANPASTA流 映えうまパスタレシピ』（宝島社）がある。

Instagram　@ binanpasta

手軽にできるから
毎日食べたい家パスタ
365

2024年 3 月26日　第1刷発行

撮影
福田諭、Ryogo

カバー・本文デザイン
PETRICO

DTP
風間佳子

校閲
株式会社聚珍社

編集制作
バブーン株式会社（大坪美輝）

企画・編集
岡田好美（Gakken）

■著　者　Ryogo
■発行人　土屋　徹
■編集人　滝口勝弘
■発行所　株式会社Gakken
　　　　　〒141－8416
　　　　　東京都品川区西五反田2 - 11 - 8
■印刷所　大日本印刷株式会社

●この本に関する各種お問い合わせ先
本の内容については、下記サイトのお問い合わせフォームよりお願いします。
https://www.corp-gakken.co.jp/contact/
在庫については　Tel 03-6431- 1250（販売部）
不良品（落丁、乱丁）については　Tel 0570-000577
学研業務センター　〒354-0045埼玉県入間郡三芳町上富 279-1
上記以外のお問い合わせは Tel 0570-056-710（学研グループ総合案内）
© Ryogo　2024 Printed in Japan

学研グループの書籍・雑誌についての新刊情報・詳細情報は、下記をご覧ください。
学研出版サイト　　　https://hon.gakken.jp/